KB041623

# 설민석의 무도 한국사 특강

大東千古開矇矓

用字例

初ㄱ。如감為柿ᄀ為蘆ㅋ。如우

為未春稻콩為大豆ㅇ。如러울

為獺서에為流凘ㄷ。如뒤為茅담

ㄴ。如노로為獐납為猿ㅂ。如뫼為

為墙ㅌ。如고티為繭두텁為蟾蜍

臂별為蜂ㅍ。如파為葱ᄣ를為蠅ㅁ。

# 설민석의 한국사 대중화를 위한 첫걸음!

## 『설민석의 무도 한국사 특강』 개정판에 부쳐

'무지 쉽고 도움 되는 한국사 특강!'이라는 깜찍한 제목으로 저의 첫 역사 대중서를 펴낸 지 벌써 4년이라는 세월이 흘렀습니다. 제 첫 책인 만큼 이 책은 다시 훑어봐도 페이지마다 열정이 가득 느껴집니다. 쉽고 재미있게 역사 이야기를 들려달라는 대중의 요청에, 강의 후 피곤함도 잊은 채 즐겁고 신나게 원고를 써내려갔습니다. 그렇지만 이렇게 많은 독자분들이 이 책을 읽어주시고 저에게 분에 넘치는 사랑을 주실 거라고는 상상도 하지 못했습니다.

제가 미처 살피지 못했던 오류들을 발견해 알려주시고, 때로는 칭찬과 격려를, 때로는 질책을 보내주신 독자분들, 고사리손으로 삐뚤삐뚤 쓴 편지에 책을 읽은 소감을 담아 보내준 어린이 친구들, 아이와 함께 재밌게 읽고 있다고 말씀해주셨던 학부모님들, 한국사 공부에 엄두를 못 내고 있었는데 이 책을 통해 시작하게 되었다고 하셨던 학생 및 직장인 독자분들, 모두모두 고맙습니다.

제가 평소 알려드리고 싶었던 여러 역사 이야기들을 충실히 풀어내기는 했으나, 또 그만큼 미숙한 부분도 적지 않았습니다. 많은 분들이 이 책을 사랑해주신 만큼 그에 대한 책임감을 느끼지 않을 수 없고, 그렇기에 부족한 부분을 보완해 개정판을 펴내게 되었습니다. 이제, 새롭게 단장한 『설민석의 무도 한국사 특강』이 또 한 번 독자 여러분을 찾아갑니다! 최신 주류 학설과 이슈를 최대한 반영하려 했으며, 내용 검증의 과정을 재차, 삼차 거쳤습니다. 또한 사진 자료나 사료를 좀 더 보강해 넣으려고 노력했습니다.

많은 분들이 보내주신 응원과 사랑에 저 역시 제가 할 수 있는 방법으로 보답해야겠지요. 여러분이 주신 그 사랑을 밑거름 삼아 앞으로도 한국사 대중화를 위한 다양한 활동을 펼쳐가겠습니다. 저의 이런 활동에 디딤돌이 되어주신 독자 여러분, 우리 역사를 사랑하시는 많은 국민 여러분께 진심으로 감사드립니다. 또한 완벽할 순 없어도 항상 더 노력하고 발전하는 모습을 보여드리고 싶다는 저의 초심을 한결같이 믿어주고 지지해주는 든든한 조력자이자 파트너 휴먼큐브 출판사 황상욱 대표님께 감사의 인사를 전합니다.

『설민석의 무도 한국사 특강』이 제가 책을 통해 여러분을 만나는 소중한 첫걸음이 되었듯, 이 책이 여러분에게도 한국사를 만나는 의미 있는 첫걸음이 되길 바랍니다.

2017년 10월 만개한 가을날에 설민석

# 대국민 '한국사 바로 알기' 프로젝트!

'역사를 잊은 민족에게 미래는 없다.'

누구나 한 번씩은 들어보셨을 법한 명언이죠. 축구 한일전이 열리는 경기장에 플래카드로 내걸릴 만큼 많은 국민이 알고 있는 유명한 경구이지만, 우리 역사를 기억하는 데 소홀한 요즘 세태를 보면 우리 민족의 미래가 불투명해지고 있는 건 아닌지 때론 걱정스러운 마음이 앞섭니다.

전범국으로서 과오를 인정하지 않고 점점 더 과격한 우경화 행보를 보이는 일본을 앞에 두고, 우리 학생들은 독립을 쟁취했던 선열들의 희생을 잊고 삼일절을 '삼점일절'이라 읽고 있습니다. 3·1운동 당시, 나라의 독립을 부르짖으며 스러져간 학생들이 현재 학교에서 한국사를 공부하는 학생들과 같은 나이였다는 사실을 상기해보면 참으로 쓸쓸한 일이 아닐 수 없습니다. 또한 일본이 안중근 의사를 한낱 범죄자로 폄하하며 도발하는 가운데, 안중근이 누구인지도 모르고, 야스쿠니 신사 할 때의 신사는 젠틀맨이며, 매국노 이완용이 나라를 지킨 영웅이 아니냐고 되묻는 우리나라 학생이 많다는 사실은 슬프기까지 합니다.

강단에 서서 학생들에게 한국사를 강의한 지 20년이 넘었습니다. 강산이 두 번 바뀌는 세월 동안 한국사를 알리고 가르치는 데 힘쓰며 우리 역사를 위해 살아왔습니다. 하지만 저의 이런 노력과 무관하게 점점 더 역사에 무관심해져만 가는 사회 분위기를 보면서 때론 가슴이 아프기도 하고, 때론 회의가 들기도 했습니다. 그리하여 우리 역사를 위해 좀더 의미 있는 작업을 해보고 싶다는 생각이 간절히 들었고, 부족하나마 이 책을 펴내야겠다는 결심이 섰습니다.

책의 구체적인 방향과 내용을 정하고, 실행에 옮길 수 있게 되기까지는 저 혼자만의 의욕이 아니라 한국사에 관심을 둔 많은 사람의 도움이 컸음을 밝힙니다. 몇 해 전 저는 MBC 예능 프로그램인 〈무한도전〉에 출연하여 한국사를 가르치는 소중한 시간을 가졌는데요, 그때 제가 맡았던 역할이 우리 역사 속 주요 인물들을 친근하고 재미있게 소개하는 것이었습니다. 인물, 사건, 문화유산이라는 세 가지 테마로 진행된 〈무한도전〉 '한국사 특강' 방송 이후 한국사에 대한 국민들의 관심이 높아졌고, 저 역시 많은 관심과 사랑을 받았습니다. 좀더 다양하고 자세한 내용을 알고 싶다는 문의와, 인물은 물론 사건과 문화유산에 관한 강의도 더 듣고 싶다는 요청이 이어졌고, 저는 이러한 요구들을 반영해 좀 더 폭넓은 독자분들에게 다가갈 수 있는 역사 교양서를 펴 내면 어떨까 생각하게 되었습니다.

좀더 깊이 있고 전문적인 내용을 다룰 수도 있었겠지만, 모두가 쉽고 편하게 읽고 즐길 수 있는 역사책이 되길 바랐 습니다. 가장 대중적인 역사책을 만들고 싶었고, 마치 어릴 적 기분 좋게 받았던 '종합선물세트' 같은 책이 되길 바랐습 니다. 편하게 즐길 수 있는 다양한 내용물이 들어 있어서 기 호에 따라 어떤 것부터 손을 대도 맛있게 먹을 수 있었던 상 자 속의 과자들처럼, 이 책에 실린 어떤 주제를 골라서 읽어 도 이해가 쉽고 유익할 것이라 생각합니다. 따라서 한국인이 라면 꼭 알아야 할 기본적인 역사 상식들을 바탕으로 우리 에게 익숙하지만 정확히 알지 못하거나 잘못 알고 있는 주제 들을 선정했고, 생소할 수 있는 용어들은 쉽게 풀어 쓰고자 했습니다.

또한 이해에 도움이 될 자료나 삽화도 충분히 싣고자 노 력했습니다. 모든 내용을 통사적으로 광범위하게 다루기보 다는 이 책을 내는 계기가 되어주었던 〈무한도전〉 '한국사 특강'의 콘셉트에 맞추어 인물, 사건, 문화유산으로 장을 나눈 후 흥미로운 주제 위주로 지식과 재미 그리고 교훈을 함께 전달하고자 했습니다. 아마도 저 혼자만의 힘으로는 이 책이 완성될 수 없었을 것입니다. 책을 집필하는 데 응원과 조언을 아끼지 않으셨던 연세대학교 박물관장 김도형 교수님, 이 책의 시작과 끝을 책임져준 휴먼큐브 출판사 황상욱 대표님, 자료 수집과 구성에 도움을 준 조은호 씨, 김영은 씨에게 감사드립니다.

제게 유일한 소명이 있다면, 바로 '한국사의 대중화'입니다. 어렵고 딱딱하고 지루하게만 느껴졌던 우리 역사를 좀더 많은 대중들이 가깝고 친근하게 느끼기를, 쉽고 재미있게 배우기를 바라는 마음이지요. 이 책이 그 작은 디딤돌이 되길 소망하며, 온 국민이 한국사 전문가가 되는 그날까지 제 미약한 힘을 보태겠습니다.

한국사 대중화를 소망하는<br/>
설민석

차례

# 설민석의 무도 한국사 특강 　：인물 편 1

**단군왕검**  한민족의 시조로 받드는 고조선의 첫 임금. 그에 관한 우리나라의 첫 사서 기록은 『삼국유사』에 전하며, 천제天帝인 환인의 손자이자 환웅의 아들로 아사달에 도읍을 정하고 단군조선을 개국했다고 한다.

# 내 아버지의 아버지, 그 아버지의 아버지······ 단군왕검

한국사 책을 펼치면 가장 먼저 나오는 인물이 누구던가요? 네, 맞습니다. 바로 단군이죠. 사람들이 단군을 대하는 태도란 그런 것 같아요. 교장 선생님의 훈화를 듣는 기분이랄까요? 특별히 새로울 게 없는 뻔한 이야기, 그 속에 나오는 우리나라의 시조로 아주 상징적이고 훌륭하지만 그 이상도 이하도 아닌 존재······ 곰이랑 호랑이가 쑥하고 마늘 먹느라 고생했다는 이야기가 잠깐 떠오를 것도 같고요. 그렇지만 역사란 이렇게 뒤집어보고 저렇게도 뒤집어보면서 그 이면을 들여다보고 진짜 의미를 캐보려고 다가설 때 진면목을 드러내곤 한답니다. 우리가 익히 알고 있다고 생각하는 단군 이야기에도 여러 가지 오해와 조금 더 깊게 들여다봐야 할 진실이 있거든요. 지금부터 그 숨겨진 이야기들을 하나하나 풀어볼까 합니다.

## 단군은 사람인가

우선 '단군'이라는 명칭에 대한 오해부터 풀어야겠습니다. 많은 사람이 단군을 성이 단씨인 사람의 이름으로 알고 있는데, 단군은 사람의 이름이 아니라 직책입니다. 오늘날로 따지면 대통령, 조선시대로 따지면 왕을 뜻하는 명칭이죠. 단군의 정식 명칭은 단군왕검입니다. 단군왕검이라는 단어를 나눠보면 '단군'에는 제사장, 무당이라는 뜻이 있고, '왕검'은 정치적 지도자, 무리의 우두머리라는 뜻이에요. 그렇기 때문에 '단군왕검'이라고 하면 정치와 종교를 아우르는 지도자를 가리키는 말이 되는 거죠.

지금 상황으로 바꿔본다면 어떻게 비유할 수 있을까요? 대통령이 월요일부터 토요일까지는 정치를 하다가 일요일에는 교회나 절에 가서 종교의식을 주관하는 형태인 겁니다. 지금으로서는 좀 상상하기 어려운 일이지만 과거 군장국가에서는 가능한 권력 형태였습니다. 따라서 단군을 단순히 고조선의 임금이라고만 일컫는 건 오해를 살 여지가 있습니다. 임금 하면 우리는 보통 정치 지도자를 떠올리잖아요? 그런데 단군은 종교와 정치 권력이 분리되지 않은 제정일치 사회의 우두머리였기 때문입니다.

단군과 관련해 교과서든 교양서든 책을 뒤적여본 사람이라면 아마도 아래의 이미지가 떠오르지 않을까 싶어요. 단군의 모습이라면서 나오는 그림인데, 어느 책을 보든 똑같이 이 그림이 실려 있을 겁니다. 그러면 수천 년 전에 그린 그림이 남아서 지금까지 전해오는 걸까요? 그렇지는 않겠죠. 사실 단군의 생김새는 아무도 모릅니다. 이 그림은 문화체육관광부에서 제작한 거예요. 우리나라에 훌륭한 조상님들이 많은데, 이분들을 선현先賢이라고 부릅니다. 나라에서 이러한 선현 92명2013년 11월 기준의 표준 영정을 만들어 앞으로 이분들을 책 등에 표현할 때는 같은 그림을 쓰라고 지정합니다. 위인의 모습을 제각기 마음대

단군 표준 영정

로 표현하면서 초래하는 혼란을 막기 위한 조치였죠. 이후 여러 선현의 영정이 통일되면서 단군의 영정 또한 이 그림으로 정해진 것입니다.

## 동아시아 3국의 건국신화 비교

단군을 이야기할 때 빼놓을 수 없는 단군신화에 관해서도 살펴봐야겠죠. 단군신화를 자세히 소개하기 전에 동아시아 3국, 곧 우리와 이웃한 중국과 일본의 건국신화와 우리의 건국신화를 서로 비교해보면 어떨까 싶습니다.

우선 중국의 건국신화를 살펴볼까요? 중국은 워낙 큰 나라라서 그런지 신화 또한 스케일이 큽니다. 반고盤古라는 거인의 이야기로 시작되는데요, 이 거인이 1만 8000년 동안 잠을 자고 일어나 세상을 쭉 밀어내자 윗부분은 하늘이 되고 아랫부분은 땅이 됩니다. 그 거리가 9만 리에 달했다죠. 그렇게 세상을 만든 거인이 죽으면서 한숨을 쉬었는데, 그 한숨이 바람과 구름이 되고, 죽을 때 지른 비명은 벼락이 되고, 두 눈은 각각 태양과 달이 됩니다. 또 몸의 뼈는 산맥, 혈관은 하천이 되고, 머리카락은 초목, 하늘을 받치면서 흘린 땀은 비와 이슬이 되었다는 식으로 설명합니다.

16

　일본의 건국신화는 어떨까요? 천상계에서 세 명의 신령이 태초 혼돈의 바다를 내려다보다가 세상을 창조하기 위해 남신<sup>이자나기</sup>과 여신<sup>이자나미</sup>을 만들어냅니다. 이 두 신이 신령에게 받은 마법 창을 바다에 넣어 휘저은 후 꺼내니 소금이 쌓여 땅이 생기고, 이곳에서 남신과 여신이 결혼하여 여러 신들을 낳고 자연을 탄생시킵니다. 그런데 그만 불의 신을 낳던 이자나미가 타 죽고 말아요. 죽은 이자나미를 찾아 황천국까지 갔던 이자나기는 결국 도망쳐 나오게 되는데요, 이후 부정한 몸을 씻기 위해 목욕을 하던 중 태양과 달과 바다의

신이 생겨납니다. 이 중 태양신인 아마테라스 여신이 일본 황실의 조상신이고, 그녀의 후손이 지금 천황이라는 거예요. 일본은 우리나라를 지배할 때 일본과 조선의 조상이 동일하다는 논리일선동조론日鮮同祖論를 내세워 단군을 아마테라스의 남동생인 스사노오라며 단군과 아마테라스 여신이 남매라고 주장하기도 했습니다. 참 큰일날 소리죠?

이제 다시 단군신화로 돌아와봅시다. 하늘의 신 환인에게는 환웅이라는 아들이 있었습니다. 인간 세계를 지켜보던 환웅은 어느 날 구름을 타고 풍백, 운사, 우사라는 바람, 구름, 비를 주관하는 신들과 함께 세상에 내려와, 널리 인간을 이롭게 한다는 홍익인간弘益人間의 뜻으로 나라를 세웠습니다. 얼마 후 곰과 호랑이가 환웅을 찾아옵니다. 그리하여 잘 알려진 대로 쑥과 마늘을 이용한 시험에서 곰만 버텨내 마침내 사람웅녀이 되었고, 이 웅녀가 환웅과 결혼해 낳은 아들이 단군왕검입니다.

간단해 보이는 이야기지만 잘 들여다보면 당대의 상황을 알려주는 몇 가지 중요한 단서를 얻을 수 있습니다. 우선 환웅이 데려온 신이 바람, 구름, 비였다는 점에서 고조선이 농경 국가였음이 드러납니다. 농사를 짓는 데에 가장 중요한

게 바람과 구름, 비 같은 환경요인이니까요. 또 신이 내려와 인간을 이롭게 하려 했고, 곰과 호랑이도 인간이 되고 싶어 했다는 점에서 인간을 중시하는 아름다운 인본주의 사상을 확인할 수 있습니다. 부족의 기원으로 동물이 등장한 점으로 보아 동물을 숭배하는 토템 사상이 존재했다는 것도 확인할 수 있고요. 무엇보다 쑥과 마늘만 먹으면서 햇빛도 보지 않고 버틴 곰의 이야기, 우리 민족 특유의 은근과 끈기가 엿보이지 않습니까?

이렇게 우리나라의 건국신화를 보면 고조선이 어떤 사회였는지 알 수 있는 건 물론이고, 그 형성 과정까지도 유추해

볼 수가 있어요. 이를테면 이런 겁니다. 환웅으로 상징되는 하늘을 섬기는 부족이 점차 세력을 키워 주변 부족을 흡수해갔겠죠. 그 와중에 호랑이를 섬기는 부족과 곰을 섬기는 부족을 통합하려고 했는데, 어떤 이유에선지 호랑이를 섬기는 부족과는 결합하지 못했고, 곰을 섬기는 부족을 통합하는 과정에서 탄생한 무리의 장이 단군왕검이라는 역사적 줄기를 짜볼 수 있습니다. 이처럼 단군신화는 얼핏 허무맹랑한 이야기 같지만 자세히 들여다보면 당시의 상황을 담고 있는 것이 아닌가 추측할 수 있게 하는 좋은 자료인 것이죠.

그렇다면 단군신화는 누가 만든 걸까요? 아래 그림은 청동기시대 군장의 모습을 재현한 것인데요, 목에 걸고 있는 게 청동거울입니다. 단군왕검 또한 이런 행색을 하고 청동거울로 햇빛을 번쩍번쩍 반사하면서 자신은 똑같은 인간이 아니라 신에게 선택받은 특별한 인간, 즉 신의 아들이라고 주장하며 선민사상選民思想 이를 뒷받침할

ㅇ 청대투겁

ㅇ 거친무늬 거울과 팔주령

ㅇ 가지 방울

ㅇ 동착   ㅇ 비파형 동검

단군의 차림으로 추정되는 모습

근거로 단군신화를 만들지 않았을까요? 어떻게 보면 자신의 권력을 유지하기 위한 수단으로, 피지배자들에게 지지와 존경을 얻어내기 위한 방편으로 만들어낸 이야기가 단군신화인 셈이죠.

이런 이야기가 민간에서 구전되다가 고려시대 『삼국유사』에 실리면서 건국신화로 공식화된 것으로 보입니다. 『삼국유사』는 고려 충렬왕 때 제작되었는데, 그 시기에 고려는 몽골의 공격에 항복하여 내정 간섭을 받고 있었습니다. 그러다 보니 이민족의 침략과 간섭으로 손상된 자주성을 회복하기 위해 단군신화를 책에 기록한 것입니다.

지금까지 단군과 단군신화에 얽힌 여러 오해와 진실을 살펴봤고요, 이렇게 탄생한 고조선의 역사를 지금부터 알아보겠습니다.

## 2000년의 역사! 고조선

일단 고조선이라는 나라 이름부터 정확히 알 필요가 있습니다. 사실 고조선이라는 나라는 없었고 원래 이름은 그냥 조선B.C. 2333~108이었어요. 그런데 고려시대에 일연스님이 쓴 『삼국유사』라는 책에서 단군조선과 위만조선을 구분하기 위해 단군조선에 '옛 고古' 자를 붙여 '고조선'이라고 지칭하면서부터 고조선이라는 용어가 사용되기 시작했죠. 편의상 만들어진 이름과 진짜 이름을 구분할 수 있어야겠죠?

고조선은 우리나라 최초의 국가로, 청동기 문명을 바탕으로 시작되어 철기시대까지 약 2000년간 존속했던 나라였어요. 고조선에 대한 오래된 기록은 중국 책에만 있습니다. 중국 역사학자 사마천이 쓴 『사기』, 반고라는 문학가가 쓴 『한서』 등에 고조선에 관한 기록이 나옵니다. 우리나라에서는 고려시대 후기에 이르러서야 『삼국유사』에 단군과 고조선이 등장해요. 이외에도 『제왕운기』 등 여러 책이 있습니다만, 역시 고조선과 관련해 가장 중요한 우리 기록은 『삼국유사』로 봐야겠습니다.

조선왕조의 역사를 세세하게 기록해놓은 『조선왕조실록』처럼 고조선의 역사를 깊이 있게 기록하고 있는 역사서는 없기 때문에, 고조선의 역사적 변천에 대해 자세히 알 수는 없습니다. 아마 건국 초기에는 단군왕검이 나라를 다스렸을 거예요. 1대 단군, 2대 단군…… 이런 식으로 단군왕검이라는 이름의 우두머리가 나라를 다스렸을 겁니다.

그러다 기원전 3세기 무렵이 되면 고조선은 크게 성장합니다. 삼국시대에 이르러 나라에 중앙 집권 체제가 갖춰지게 되는데, 그 이전 시기의 나라들은 왕권이 약했습니다. 그래서 왕이 아들에게 왕위를 물려주는 게 당연하지는 않았습니다. 그런데 고조선에서는 기원전 3세기 무렵에 부왕, 준왕이라는 왕들이 등장해요. 이들은 왕권을 크게 강화시켜 아버지인 부왕이 아들인 준왕에게 왕위를 물려주기도 했습니다. 또한 중앙에 여러 관직이 마련되어 있어서 국가가 기틀을 갖추었음을 알 수 있습니다.

이 무렵 중국은 여러 나라가 서로 경쟁하던 전국시대였는데, 여러 나라 중 하나인 연燕나라와 대등하게 대립했다는 기록이 있을 정도로 고조선은 성장하고 있었죠. 그러던 중 고조선의 역사를 단군조선과 위만조선으로 나누게 하는 큰 사건이 일어납니다. 위만이 준왕을 내쫓고 왕위에 오른 것입니다.

위만은 진·한 교체기라는 혼란을 피해 1000여 명의 무리를 이끌고 고조선의 준왕에게 투항했다가 반란을 일으켜 준왕을 몰아내고 90여 년 가까이 조선을 다스렸는데, 이 시기를 위만조선이라고 부릅니다. 그런데 위만이라는 사람은 중

고조선의 영향력이 미친 범위 비파형 동검과 고인돌 출토 지역의 분포로 알 수 있다.

국 문헌에 따르면 중국 연나라 사람입니다. 하지만 우리는 위만이 중국인이 아닌 조선인과 같은 계통의 사람이라고 보고 있지요. 그 근거로 위만이 상투를 틀고 조선 옷을 입었던 점, 국호를 조선으로 그대로 유지하면서 많은 조선인을 국가 요직에 등용했던 점 등을 들고 있습니다.

사실 고조선과 관련된 많은 내용이 워낙 오래전 역사인 만큼 정확한 사실을 알기는 어렵습니다. 고조선의 수도인 왕검성의 위치조차 분명하지 않아요. 교과서상에는 요동지역에 중심지를 두었다가 후반기에 들어 대동강 부근으로 중심지가 이동한 것으로 추측한다고 기술되어 있기는 하지만요. 어찌되었든 위만조선 이후 고조선은 한나라의 침략으로 멸망했지만, 그 지역에 부여나 고구려 같은 나라들이 건국되어 우리 민족의 정체성을 이어갑니다.

　단군과 고조선, 수천 년 전 아득한 과거에 존재했던 역사이기에 분명하지 않은 것도 많고 논쟁의 여지가 있는 부분들도 있습니다. 그렇지만 우리나라의 시초이고 최초의 국가라는 사실만은 변하지 않을 것 같아요. 그러니 적어도 우리 역사의 시조가 되는 단군왕검의 정확한 의미가 무엇이고 고조선은 어떤 나라였는지 오해 없이 이해하는 건 중요한 일이 아닐까 싶습니다.

　생각해보면, 우리가 어린 시절 처음 국사를 접할 때 들었던 이야기가 단군신화였을 겁니다. 건국신화라는 건 한 나라의 역사를 흥미롭게 알아가기 위한 첫 단추와 같습니다. 단군신화에 담긴 우리만의 깊은 뜻과 아름다움을 잘 간직해 후대에 전하는 것 또한 우리의 소중한 의무입니다.

역사 상식 Check!

# 중국의 동북공정이란 무엇인가

현재의 중국 국경 안에서 전개된 모든 역사를 자국 역사화하기 위해 2002년부터 중국이 추진한 동북쪽 변경 지역의 역사와 현상에 관한 연구 프로젝트입니다. 중국은 2001년 6월에 동북공정 연구를 추진하기로 계획하고, 이듬해 2월 정부의 승인을 받아 공식적으로 시작했죠. 이에 따른 중국의 역사 왜곡은 지금까지 진행중입니다.

이 프로젝트의 궁극적 목적은 중국의 전략 지역인 동북 지역, 특히 만주 지역과 관련된 역사를 중국의 역사로 편입해, 한반도가 통일되었을 때 일어날 가능성이 있는 영토 분쟁을 미연에 방지하는 데 있습니다. 한국 고대사에 대한 연구는 고조선, 고구려, 발해에 걸쳐 있는데 가장 핵심적으로 집중하고 있는 주제는 고구려입니다. 고구려를 고대 중국의 일개 지방 정권으로 단정하고 이를 공식적인 견해로 확정해버린 것이죠. 물론 고구려 멸망 후 고구려를 계승하며 세워진 발해에 대해서도 마찬가지의 주장을 내세우며 관련 연구를 진행하고 있습니다. 중국 측은 그 주장에 대해 몇 가지 이유를 제시하고 있으나 역사적 사실에 기초하여 볼 때 수긍하기 어려운 궁색한 변명들이 대부분입니다.

이들 3국은 엄연한 한국사의 실체이고, 고구려나 발해는 만주와 한반도를 동시에 영토로 삼았던 국가들입니다. 이 때문에 한국에서도 중국의 역사 왜곡에 체계적으로 대응하기 위해 2004년 3월 교육부 산하의 고구려연구재단을 발족했고, 2006년 9월 동북아역사재단이 출범하여 이를 흡수 통합했습니다.

역사는 영원히
되풀이 된다.

투기디데스, 역사학자

**선덕여왕(?~647)** 신라의 제27대 왕이자 최초의 여왕(재위 632~647). 신라가 삼국 통일을 이룩하는 기틀을 다진 당찬 여왕으로 평가받는다. 민생을 향상하고 구휼 사업에도 힘썼으며, 유학생을 파견하고 불법(佛法)을 들여오는 등 당나라 문화의 수용에도 힘을 기울였다. 첨성대와 황룡사 구층탑을 건립하는 등의 업적도 남겼다.

# 선덕여왕의 매력 발산

　불과 수십 년 전까지만 하더라도 정치는 남성의 전유물처럼 여겨졌습니다. 세계 곳곳에서 여성 지도자들이 탄생하고 있는 현재에도 대통령이나 총리는 남자들이 독점하다시피 하니, 여성 지도자라고 하면 아무래도 시선이 쏠리는 건 사실입니다. 그런데 우리나라에 1400년 전쯤 이미 여왕이 있었다는 사실, 알고 계시나요? 바로 이번 이야기의 주인공 선덕여왕입니다. 우리나라 최초의 여왕이고, 이후에 등장하는 진덕여왕, 진성여왕과 비교해볼 때 가장 많은 업적을 남긴 여왕이라 할 수 있어요. 그래서인지 저는 여성 지도자, 여왕이라고 하면 선덕여왕이 가장 먼저 떠오른답니다.

## 어질고 총명했던 여왕

선덕여왕은 신라의 제27대 왕입니다. 여성이 신라의 왕이 된 이유를 알기 위해서는 신라의 골품제를 이해해야겠습니다. 신라는 성골, 진골, 육두품 등 신분에 따라 등급이 나뉘어 있었죠. 그중에 왕이 될 수 있는 등급은 성골뿐이었습니다. 원칙적으로는 같은 골품끼리만 결혼을 할 수 있었고, 다른 골품끼리 결혼을 할 경우 낮은 등급으로 골품이 내려가게 됩니다. 그러다 나중에는 성골이 귀해지게 되고 심지어는 왕위를 이을 남자 성골이 한 명도 남지 않게 된 겁니다. 그래서 진평왕의 딸인 덕만공주가 결국 왕위에 오르게 된 것이죠.

선덕여왕에 대한 전반적인 평가를 찾아보면 선정을 베풀어 민생을 향상했고, 구휼 사회적, 국가적 차원에서 재난을 당한 사람이나 빈민을 구제하는 일 사업에 힘썼으며, 첨성대와 황룡사 구층탑을 건립하는 등의 업적을 남겼다고 전합니다. 이런 평가들을 보면 선덕여왕이 백성을 아끼는 마음이 크고, 인품과 학식을 고루 갖춘 인물이었음을 짐작해볼 수 있지요. 하지만 아무래도 여자이다 보니 주변국에서 선덕여왕을 얕보는 시선들이 꽤 있었어요. 비담처럼 여자가 왕이라는 이유로 반란을 일으키는 사람이 있는가 하면, 라이벌 백제와의 크고 작은 전쟁에도 끊임없이 시달려야 했습니다. 심지어 후대에 김부식이 편찬한 『삼국사기』에서는 선덕여왕을 두고 '여자를 왕으로 삼았는데 나라가 망하지 않은 게 다행'이라고 평하기도 하죠.

황룡사 구층목탑은 그렇게 내외로 흔들리는 와중에 왕권을 강화하고자 했던 선덕여왕의 마음이 담긴 건축물입니다. 당나라에서 불법을 공부한 자장이라는 승려가 층을 하나하나 쌓아 9층에 이르면 주변의 아홉 나라가 무릎을 꿇을 것이라 조언하여 건립한 탑인데요. 사실 삼국 중에서도 당시 국력이 열세였던 신라가 이런 큰 규모의 탑을 쌓기란 쉬운 일이 아니었을 겁니다.

이 목탑에 대해서는 평가가 엇갈리는 부분이 있습니다. 이런 큰 탑을 세워서 나라의 힘을 모으고 국력을 과시하는 효과가 있었다고 보는 의견도 있고, 불필요하게 너무 큰 공사를 벌이느라 오히려 국력을 소진했다고 비판하는 시각도 있죠. 어쨌든 이 탑은 높이가 80미터쯤 됐다고 하니 당시로서는 어마어마한 축조물이었던 건 맞습니다. 요즘 아파트 한 층의 기준 높이가 2.6미터 정도니, 지금으로 따지면 거의 30층 아파트와 맞먹는 높이입니다. 그러나 아쉽게도 고려시

황룡사 복원도

대에 몽골이 침입하여 불태워버리는 바람에 지금은 남아 있지 않죠.

첨성대의 경우도 보통 동양에서 가장 오래된 천체관측 시설 정도로 알려져 있지만, 그 구조를 보면 하늘, 우주를 상징하는 형태임을 알 수 있습니다. 따라서 단순히 하늘을 관찰했던 도구가 아니라, 우주의 힘을 빌려 왕권을 강화하고자 했던 선덕여왕의 뜻이 반영되지 않았을까 생각해보게 됩니다.

### 여왕의 향기, 여왕의 지혜

선덕여왕이 어떤 사람인지 가장 잘 보여주는 일화가 분황사 모전석탑과 관련된 이야기입니다. 우선 분황사 모전석탑의 뜻을 풀어보면, 분황사芬皇寺는 황제의 향기를 담은 절이라는 의미고요, 모전석탑模塼石塔은 벽돌을 모방한 석탑이라는 말입니다. 원래 벽돌은 점토로 만들죠. 그런데 한반도의 흙은 중국과 달라 벽돌을 만들기에 적합하지 않았어요. 탑은 쌓아야겠는데 벽돌을 만들 수가 없어 안산암을 직육면체 벽돌 모양으로 깎고 여기에 화강암을 덧대 쌓았기 때문에, 벽돌을 모방한 석탑이라고 이름을 붙인 것이랍니다.

이보다 더 흥미로운 게 분황사라는 이름의 유래입니다. 『삼국유사』에는 이런 일화가 전합니다. 당나라의 태종 황제가 어느 날 선덕여왕에게 붉은색, 자주색, 흰색의 세 가지 색으로 그린 모란꽃 그림과 모란꽃 씨앗을 보냈습니다. 그런데 선덕여왕이 그 그림을 보고 "이 꽃은 정녕 향기가 없을 것이다"라고 말했죠. 꽃씨를 심어 꽃이 피

설민석 作 〈모란도〉

기를 기다렸는데, 실제로 꽃에서 향기가 나지 않았습니다! 훗날 이를 신기하게 여긴 사람들이 꽃에 향기가 없을 것이라는 걸 어찌 알았느냐고 물어보자 선덕여왕은 이렇게 말합니다. "꽃은 그렸지만 나비는 없었소. 그래서 향기가 없는 것

을 알 수 있었소. 이것은 당나라 황제가 내가 남편이 없는 것을 비웃은 것이오." 어떻게 보면 당 태종이 성희롱을 했다고 할 수 있으려나요?

이에 선덕은 자신만의 방식으로 당나라 황제에게 대응합니다. 왕으로 즉위하고 3년이 지난 634년에 선덕여왕은 절을 짓고는 '황제의 향기'라는 이름을 붙였습니다. 그 절이 바로 분황사입니다.

이렇게 당나라 황제와 선덕여왕이 소통했던 방식을 보면, 그 본질은 조롱일지라도 표현이 무척 절제되고 옛사람들만

분황사 모전석탑

의 멋이 난다는 생각이 들어요. 직접 말을 주고받는 게 아니라 문화와 은유로 대화하는 방식이 참 품위 있지 않나요? 무엇보다 이 모든 일화를 통틀어 알 수 있는 사실은 선덕여왕이 지혜를 갖춘 사람이었다는 점이지요. 당나

라 황제가 보낸 그림을 보고 자신에 대한 희롱을 알아채는 식견이 있었으니까요. 〈모란도〉에 대한 일화를 조금 덧붙이자면, 당나라 황제가 세 송이의 꽃을 그려 보낸 것은 신라에 세 명의 여왕이 나올 것을 예견해서였다는 해석도 있습니다. 실제로 신라는 세 명의 여왕<sup>선덕여왕, 진덕여왕, 진성여왕</sup>을 배출합니다.

## 재색을 겸비했던 아름다운 여인

실제 선덕여왕은 인품과 지혜뿐 아니라 외모도 뛰어났던 모양입니다. 『삼국유사』나 조선시대 백과사전인 『대동운부군옥』 같은 책에 선덕여왕과 관련된 이런 일화가 전해져요. 선덕여왕의 미모가 워낙 뛰어나 여왕이 한번 경주 성내에 나서면 온 백성이 몰려들어 여왕을 보려고 안달했다고 합니다. 그중에서도 아주 열성 팬이 한 명 있었던 모양이에요. 지귀라는 청년이었는데, 선덕여왕을 너무 사모한 나머지 상사병에 걸려 몸이 점점 야위어갔다고 해요.

하루는 선덕여왕이 절을 찾았는데 그 소식을 들은 지귀가 절에서 선덕여왕을 기다리고 있다가 깜빡 잠이 든 거예요. 하필 그때 선덕여왕이 절을 나서면서 자신을 기다리다 잠든 지귀를 보고 사모해주는 마음이 고마워 차고 있던 팔찌를 지귀의 가슴에 놓고 떠났다고 합니다. 잠에서 깬 지귀가 비록 선덕여왕은 못 봤지만 팔찌를 자신에게 내준 여왕의 마음에 너무 감격한 나머지 온몸에서 불이 나 그 마을을 홀딱 태워버렸다는 이야기가 설화로 전합니다. 그 일이 있고 나서 경주에는 크고 작은 화재가 자주 일어나 백성들이 큰 피해를 입었고, 이에 선덕여왕은 아래와 같은 시를 짓게 됩니다.

지귀는 마음에서 불이 일어

志鬼心中火

몸을 태우고 화신이 되었네.

燒身變火神

푸른 바다 밖 멀리 흘러갔으니

流移滄海外

보지도 말고 친하지도 말지어다.

不見不相親


이 시를 적어 경주 곳곳에 붙여놓으니 그제야 화재가 멈췄다고 합니다. 그야말로 옛날이야기지만, 남자의 가슴에 불꽃이 일어 온 나라에 불이 났다는 이야기가 전하는 걸 보면 선덕여왕이 매력 넘치는 여자가 아니었을까 상상해볼 수 있습니다. 여왕이 승하한 후 신라는 점점 힘을 키워 삼국 통일까지 이루게 됩니다. 선덕여왕이 내부적으로 왕권을 강화하면서 민생을 안정시키고, 삼국 통일에 중요한 역할을 하는 당나라와 외교 관계를 잘 유지했기에 통일이 가능했던 게 아니었나 생각합니다.

오늘날 외모 지상주의가 만연합니다. 사람을 판단할 때 얼굴이 얼마나 예쁜지, 몸매는 얼마나 늘씬한지, 키는 얼마나 큰지 등이 기준이 되는 경우가 종종 있지요. 물론 외모가 아름다운 사람은 보기 좋습니다. 하지만 내면의 아름다움이 뒤따르지 못한다면 겉으로 보이는 미모는 금방 색이 바래지 않을까요? 진정 매력적인 사람이 되고 싶다면 얼굴뿐 아니라 마음까지 가꾸는 노력이 필요하다고 생각합니다. 마주 대했을 때 대화가 통하고 마음으로 공감할 수 있는 지혜와 지성을 겸비한 사람이야말로 오랜 시간이 지나도 매력이 사그라지지 않을 것입니다. 1400년 가까운 시간이 지났는데도 여전히 역사책 속에서 자신의 향기를 은은히 내뿜고 있는 선덕여왕처럼 말이지요.

의자왕(?~660) 백제의 제31대 왕이자 마지막 왕(재위 641~660). 재위 초기에는 '해동증자'라 불리며 적극적인 정복 정책으로 국력을 떨쳤으나, 말년에 나당 연합군의 침입을 받아 무기력하게 나라를 잃는다. 『삼국사기』에는 향락에 빠져 정사를 등한시하고 간신들에게 놀아난 임금으로 기록되어 있다.

# 삼천궁녀의 미스터리, 의자왕

역사를 기록하는 방식에는 크게 두 가지가 있습니다.

◆ 사실로서의 역사 : 역사적 사실을 역사가의 주관적인 생각과 판단을 배제하고 있는 그대로 기록하는 방식 —역사가 랑케의 사관.
◆ 기록으로서의 역사 : 역사적 사실을 그 시대와 상황에 비추어 평가하고 판단하여 재구성해 기록하는 방식 —역사가 E. H. 카의 사관.

이 중 어떤 입장이 더 옳은지는 판단하기 어려울 것 같습니다. 기본적으로 역사는 가치 평가를 배제하고 객관적으로

서술해야 하지만, 사람이 하는 일이다 보니 개인의 판단이 전혀 들어가지 않기가 어렵죠. 또 어느 시대에 누가 기록하느냐에 따라서도 내용 자체가 완전히 뒤바뀔 것입니다. 그래서 역사는 각 시대적 요구와 상황, 그리고 기록하는 이의 주관에 따라 적절히 평가되고 달라질 수 있는 것입니다.

현존하는 가장 오래된 우리나라 역사책은 고려 중기에 쓰인 김부식의 『삼국사기』입니다. 김부식은 고려의 유명한 문벌귀족으로, 보수 성향의 사람이었습니다. 더구나 신라 진골 귀족 가문의 후예였죠. 그래서 『삼국사기』는 신라 중심으로 쓰일 수밖에 없었습니다. 그런데 이 과정에서 평가 절하된 인물이 있었으니, 바로 의자왕입니다. 흔히 의자왕 하면 나라를 멸망시킨 무능하고 부패한 임금, 삼천궁녀와 놀아난 호색한으로 알려져 있는데, 실제로는 정반대입니다. 치세에 능하고 형제간에 우애가 깊었던 성군 중의 성군이었다면 여러분은 믿으시겠습니까?

## 성군이 될 수밖에 없었던 의자

의자왕을 왜 의자왕이라고 부르는지 아십니까? 어떤 이들은 의자왕이 밤마다 삼천궁녀와 노느라 힘들어서 낮에는 의자에만 앉아 있다가 그만 의자왕이 되고 말았다는 우스갯 소리들을 합니다. 아니, 이 무슨 의자왕이 관 뚜껑 열고 지하에서 뛰쳐나올 소리란 말입니까. 의자왕은 사실 '의'義, 옳을 의 '자'慈, 사랑할 자라는 이름처럼 의롭고 자애로운 임금이었습니다.

『삼국사기』에 따르면 의자왕은 태자 때부터 부모에 대한 효심이 지극하고 형제들과 우애가 깊어 '해동의 증자'증자: 공자의 제자로서 학식이 출중하고 부모에게 극진히 효도했다고 전해지는 성인로 불렸다고 하니, 그 인품만 봐도 성군이 될 자질이 뛰어났음을 알 수 있습니다. 이런 성품을 타고난 의자는 약 10년간의 태자 생활을 통해 예비 군주로서 탄탄한 수련 과정을 거치게 됩니다. 긴 태자 생활을 마치고 641년 드디어 왕위에 오르는데, 이때 의자왕은 남자다운 연륜과 통찰력을 지닌 인물이었을 것입니다. 한마디로 인생의 절정기에 권력을 잡은 것이지요. 따라서 너무 어리거나 늙어서, 혹은 경험이 없거나 직계가 아니라는 이유로 생길 수 있는 권력의 공백과 시행착오 따위는 전혀 없었던 상황이라는 것입니다.

왕위에 오른 의자왕은 그간의 연륜과 경험을 바탕으로 집권 초기에 정치, 외교, 군사는 물론 민심까지 잡으면서 다방면에서 훌륭한 치세를 보입니다. 일단 즉위하자마자 본인을 견제하던 친척들과 기존 고위 관리 등 40여 명을 섬으로 추방해버리는 숙청을 단행합니다. 왜냐고요? 이제 왕이 되었으니 그동안 자신을 견제하던 세력들은 싹을 잘라야 후환이 없지 않겠어요? 더구나 당시 백제는 귀족 세력의 견제로 왕권이 흔들리던 상황을 막 벗어나 왕권을 강화해나가던 시점이었거든요. 그러고는 직접 주, 군을 순무여러 행정구역을 두루 돌아다니며 백성들의 어려움을 헤아리고 지방 관리의 잘잘못을 살피는 일하며 죄수들을 사면해주는 등 민심을 수습하기 위해 갖은 노력을 기울였습니다.

## 영토의 확장 또 확장

내부 권력 기반을 탄탄히 다진 의자왕은 이제 밖으로 뻗어나가기 시작합니다. 라이벌인 신라와의 싸움에서 연이어 승전고를 울리며 자신의 군사적, 외교적 역량을 과시하기 시작한 것이죠. 즉위한 다음해에 직접 군사를 이끌고 신라를 공격해 40여 성을 함락했고, 바로 다음달인 8월에는 신라의 전략적 요충지인 대야성을 공격해 함락하는 등 신라를 위기로 몰아넣습니다. 이때 신라 최고의 진골 귀족이었던 김춘추의 딸과 사위가 목숨을 잃었습니다. 당시 김춘추가 너무 슬퍼 온종일 기둥에 기대서서 눈을 한 번도 깜빡이지 않았다는 기록이 전해질 정도였죠. 의자왕은 즉위하자마자 경쟁

국인 신라를 충격과 공포 속에 몰아넣은 무시무시한 정복
군주였던 것입니다. 당황한 신라는 중국 당나라에 구원을
청하기에 이르는데, 당시의 국제 관계를 지도로 보면 아래와
같습니다.

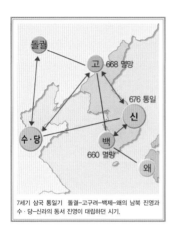

7세기 삼국 통일기. 돌궐-고구려-백제-왜의 남북 진영과
수·당-신라의 동서 진영이 대립하던 시기.

그 후에도 백제는
645년 신라의 일곱 성
을 공격해 빼앗았으며,
655년에는 고구려, 말
갈과 함께 신라의 30여
성을 쳐부수는 등 전쟁
의 주도권을 쥐는 듯했
습니다. 그러나 신라와
당나라가 연합군을 결
성해 무려 18만 대군을
이끌고 백제로 쳐들어

옵니다. 나당 연합군의 엄청난 인해전술에 계백이 이끈 5천
결사대가 용감히 맞서 싸웠으나, 결국 수적 열세를 극복하
지 못하고 전멸하고 말았습니다.

## 비운의 최후를 맞다

이때 의자왕은 태자와 함께 웅진성오늘날의 충남 공주으로 피신하고, 그곳에서 군을 모아 사비성을 되찾을 계획을 세웁니다. 그러나 웅진성으로 들어간 지 닷새 만에 의자왕은 어이없게도 그냥 항복하고 말았습니다. 왜일까요?

그 의문의 실마리는 2006년 중국 북망산에서 예식진이라는 사람의 무덤과 묘비가 출토되면서 풀리게 됩니다. 예식진은 할아버지 대부터 최고 벼슬을 지냈던 백제의 귀족 출신으로, 백제 멸망 후 당나라의 대장군까지 오른 사람이었어요. 그런데 『구당서』 「소정방열전」 편에 그와 관련해 이런 내용이 있습니다.

其大將禰植 又將義慈來降
그 대장 예식이 의자왕을 거느리고 항복하게 하였다.

이는 신채호의 『조선상고사』에 기록된 백제 멸망 과정과도 맥을 같이하는 내용입니다.

웅진의 수성 대장예식진으로 추정됨이 의자왕을 잡아 항복하라 하니 왕이 동맥을 끊었으나 끊기지 않아, 당의 포로가 되어 묶이어 가니……

이 두 기록은 의자왕이 스스로 당나라에 항복했던 것이 아니라, 믿었던 신하인 예식진에게 배신당했음을 보여주고 있습니다. 의자왕이 예식진이 지키고 있는 웅진성으로 몸을 피해 왔는데, 예식진이 의자왕을 배신하고 당나라에 항복했다는 말이지요. 그러나 『삼국사기』에는 의자왕이 태자 및 웅진방령군을 거느리고 스스로 웅진성을 나와 항복했다고 기록되어 있어서, 무엇이 사실인지는 논란이 되고 있습니다.

포로가 된 의자왕은 당나라 소정방과 신라 무열왕에게 술잔을 올리는 등 굴욕을 겪은 뒤, 왕자들과 대신 80여 명, 백성 1만 2000여 명과 함께 당나라로 끌려갑니다. 그곳에서 포로가 되어 문책 등 갖은 고초를 당하다가 그해에 바로 병사하고 말았습니다. 당시 의자왕의 나이가 이미 예순이 넘었을 것으로 추정되기에, 연로한 나이와 고된 여정 그리고 나라를 빼앗긴 허망함 등이 원인이 되어 사망한 것으로 보입니다.

700년 역사의 백제는 이렇게 무너지고, 의자왕은 망국의 주범이 되었습니다. 역사는 승자의 기록인 법, 신라 입장에서는 백제가 멸망할 수밖에 없었던 이유들이 필요했고, 그래서 백제 말년의 역사는 특히 더 부정적으로 묘사됩니다. '의자왕 말년 태자궁을 수리했는데 대단히 사치스러웠다' '왕이 궁녀들과 주색에 빠져 술 마시기를 그치지 않았다'는 등의 이야기와, '궁궐 나무가 사람처럼 울었다' '우물이 핏빛으로 변했다' 하는 등의 흉흉한 사건들도 기록되어 있거든요.

물론 의자왕은 왕으로서 그 누구보다 나라의 멸망에 책임이 있는 사람입니다. 또한 『삼국사기』의 기록이 신라의 입장에서 부정적인 면만 과장되게 서술되었을 가능성이 있다고 하더라도, 의자왕이 치세 말기에는 즉위 초반처럼 나라를 잘 다스린 것 같지는 않습니다. 그러나 의자왕이 삼천궁녀를 거느렸던 호색한이었다는 것은 기록에도 존재하지 않는 역사의 오류입니다.

의자왕 하면 많은 사람이 가장 먼저 떠올리는 것이 삼천궁녀입니다. 의자왕이 술과 유흥에 빠져 국사를 돌보지 않아 나라를 멸망시켰다며, 그 상징적 존재로 낙화암에서 투신한 삼천궁녀를 거론하곤 하는데요, 그렇다면 삼천궁녀라는 말은 대체 어디서 나온 것일까요?

### 삼천궁녀의 진실
'삼천궁녀'라는 말은 조선시대 시인인 김흔(1448~?)의 「낙화암」이라는 시에서 처음 찾아볼 수 있습니다. 또한 조선시대 시인 민제인의 「백마강부」라는 시에서도 찾아볼 수 있어요. 이 시들에 '궁녀 수 삼천'이라는 말이 등장하는데, 이는 실제 숫자를 헤아린 게 아니라 '굉장히 많음'을 상징하는 문학적 표현으로 받아들여야 할 것입니다.

왜냐고요? 백제 사비성이 함락되자 삼천궁녀가 몸을 던져 투신했다는 낙화암 아시죠? 실제 낙화암이 있는 궁터에 가 보셨습니까? 궁녀라면 궁에서 살았을 텐데, 이곳에 막상 찾아가 보면 협소하여 3000명의 궁녀가 기거할 만한 공간이 없음을 알 수 있습니다. 3000명이 그냥 모여 서 있기도 어려울 만큼 좁습니다. 말이야 바른말이지, 조선시대 궁녀 수가 최대 600명이라고 전하는데 어떻게 사비성의 궁녀가 3000명이 될 수 있겠습니까?

게다가 당시의 기록을 살펴보면 그 어디에도 삼천궁녀에 대한 언급이 없습니다. 심지어 의자왕의 사치와 향락을 기록한 『삼국사기』에도 나와 있지 않아요. 조선시대 시인의 상징적 시구 하나가 졸지에 의자왕을 호색한으로 둔갑시킨 것이지요. 이것이 전해져 1941년 윤승한의 소설 『김유신』에서 그 표현이 반복되고, 오늘날에 이르러 여러 대중가요 속에 계속해서 쓰이면서 기정사실처럼 받아들여지고 있는 것입니다.

　말년에 나당 연합군의 침공을 막아내지 못하고 항복함으로써 백제의 마지막 왕이 된 비운의 군주 의자왕. 하지만 해동증자라 불리며 성군 소리를 들었고, 적극적인 개혁 정치로 국정을 쇄신하였으며, 멸망하기 불과 5년 전만 해도 신라를 공격해 30여 성을 빼앗았다는 기록이 전할 만큼 적극적인 정복 사업을 벌이던 왕이었습니다. 1000년 이상 사실처럼 받아들여온 의자왕에 대한 오해와 낙인, 이제는 우리가 좀 풀어드려야 하지 않을까요?

역사를 잊은 민족에게
미래는 없다.

윈스턴 처칠, 영국의 정치가

**태조 왕건(877~943)** 고려 제1대 왕(재위 918~943). 궁예의 휘하에서 견훤의 군사를 격파했고, 정벌한 지방의 구휼에도 힘써 백성의 신망을 얻었다. 고려를 세운 후 수도를 송악으로 옮기고 불교를 호국 신앙으로 삼았으며, 신라와 후백제를 합병하여 후삼국을 통일했다. 정략결혼과 사성 정책을 통해 호족 통합을 도모했다.

# 국가의 안정과 번영을 위하여! 일생을 결혼에 매진한 태조 왕건

왕이 된다는 것에 대해 생각해보신 적이 있습니까? 내가 왕이 된다! 어떻게 보면 꿈같이 좋은 일인 것 같지만, 역사를 들여다보면 우리가 생각하는 만큼 화려하고 멋진 자리는 아니었던 듯합니다. 나라를 통치하는 데 따르는 갖가지 어려움에 힘들어하고, 자신의 왕권을 위협하는 무수한 세력들과 갈등하며 하루하루를 보낸 번뇌의 자리가 아니었을까 싶은데요. 이번에는 태조 왕건의 이야기를 따라가면서 자유롭게 상상력을 발휘해, 왕이 된다는 것의 의미와 내가 그 자리에 있었다면 어떤 판단을 했을까 생각해보시면 재미있지 않을까 합니다.

## 고려의 태조, 왕건

본격적인 이야기에 앞서 태조라는 이름에 대해 먼저 따져볼까요? 태조太祖는 나라를 세운 왕입니다. 그뒤에 나라의 기틀을 다져 나라를 세운 것에 버금가는 업적을 남긴 왕을 태종太宗이라 하고, 모든 제도와 문물을 완성한 왕은 성종成宗이라고 합니다. 그래서 태조나 성종은 고려에도 있고 조선에도 있는 것이지요. 어쨌거나 왕건은 고려를 세운 왕이고, 그렇기에 태조가 되는 것이랍니다.

태조 왕건의 북진정책

왕건은 원래 송악(개성) 출신의 호족으로 궁예 아래에 있었습니다. 그러다가 전쟁에서 승승장구하며 신망을 얻었고, 궁예의 폭정이 계속되자 나중에는 궁예를 몰아내고 자신이 왕이 되지요. 이후 후고구려의 국호를 고려로 바꾸고, 신라와 후

백제를 통합하여 후삼국을 통일합니다. 왕건은 나라를 처음 세운 왕인 만큼 업적도 참 많습니다. 대내적으로는 지방의 호족들을 포용하여 왕권을 안정시키고, 백성들을 위해서 빈민 구제 기관인 흑창을 세웠으며, 세금 또한 소득의 10분의 1 이상 걷지 못하게 하는 법을 제정하기도 했고요.

또 왕건 하면 빼놓을 수 없는 게 북진정책입니다. 고려는 나라 이름에서도 알 수 있듯 고구려를 계승한 나라입니다. 고구려의 영토를 회복해야 할 명분이 있었어요. 왕건은 이런 맥락에서 북쪽 국경을 개척합니다. 또한 고려로 넘어온 발해 유민들을 따뜻하게 맞아주죠. 그래서 흩어져 있던 민족들이 한 나라에 다시 모이는 민족적 통일까지 이루었다는 평가를 받기도 합니다. 이외에도 여진족을 공격하여, 고구려가 멸망하면서 이민족에 빼앗겼던 땅을 일부 되찾아 고려의 영토를 북쪽으로 확장하기도 하지요.

### 품느냐 내치느냐, 왕의 고민

이런 많은 업적을 남겼지만 태조 왕건은 재위 기간 내내 큰 고민이 있었습니다. 왕의 고민이라면 한두 가지가 아니겠지만, 가장 큰 어려움은 지방 호족들의 세력이 너무 크다는 점이었습니다. 왕건은 스스로의 능력이 뛰어나긴 했지만 근본적으로 추대를 받아 왕이 된 사람이었어요. 궁예의 폭정에 위기감을 느낀 호족들이 당신이 적임자라고 설득해서 왕위에 올랐고, 결국 왕건은 이들의 세력을 등에 업고 고려를 세운 셈이죠. 제가 〈무한도전〉 '한국사 특강' 편에서 강의중에 이 이야기를 했더니 하하씨가 "왕건은 바지사장이냐"라는 말을 해서 웃음바다가 됐었는데요. 과장된 표현이긴 해도 하하씨의 이해도는 90퍼센트 이상이라고 봅니다.

당시 고려는 개국 초기라 국가 전역을 강력하게 통치할 만한 제도가 없었고 군사력도 압도적인 수준은 아니었던 까닭에, 개국공신이라든지 원래 지방에 자리잡고 있던 토착 호족 세력이 사병을 양성하는 등 자기 세력을 유지하고 있었습니다. 일단 고려의 전신이었던 후고구려 자체가 호족들의 연합체였고, 그에 따른 내부 갈등이 적지 않았어요. 전대 왕인 궁예도 사실상 호족들 간의 갈등 속에 죽음을 맞이했다고 볼 수 있으니까요. 거기에 후백제 세력, 발해에서 내려온 유민 세력까지 있어서 언제 어디서 반란이 일어나 왕권을 뒤흔들지 알 수가 없는 상황이었습니다.

이런 상황에서 여러분이라면 어떤 판단을 하시겠습니까. 칼을 들어 이 피곤한 무리들을 한번에 척결하시겠어요? 아니면 머리를 써서 나에게 반대하는 세력을 교묘하게 제거하시겠습니까? 또는 사랑과 덕으로 반대파들을 내 편으로 끌어들이시겠습니까? 흥미로운 사실은 역사를 돌아보면 구체적 방식과 정도의 차이가 있을 뿐, 왕권을 강화하려는 왕들이 대략 이 세 가지 방법 안에서 행동했다는 점입니다. 그 대표적인 인물을 예로 든다면 조선시대 태종 이방원, 일본의 도요토미 히데요시, 그리고 이 이야기의 주인공 왕건입니다. 한 명씩 살펴볼까요?

## 새를 대하는 리더들의 태도

토사구팽兎死狗烹이라는 사자성어가 있죠. 사냥을 하러 갈 때는 필요하니까 사냥개를 데리고 가지만 사냥이 끝나면 더 이상 쓸모가 없으니 개를 삶아 먹어버린다는 말인데, 역사적으로 이런 사례는 참 많습니다. 아이러니하게도 왕이 될 때 중추적인 역할을 했던 사람일수록 정작 왕이 되고 나면 왕권을 위협하는 세력이 되어버리거든요. 토사구팽이라는 말도 한나라를 세운 유방이 자신의 심복 한신을 처단했던 일화에서 나왔고요.

조선 제3대 왕 태종도 마찬가지였습니다. 태종 역시 순탄하게 왕위에 오른 게 아니라 궁궐 내 여러 가지 갈등 속에 어렵게 왕이 된 사람이었어요. 그러다 보니 왕의 외척 혹은 공신 등 측근 세력이 힘을 키우거나, 자신이 왕자의 난을 벌였듯 다른 왕자들이 세력을 모으는 일을 막고자 했습니다. 이 때문에 왕권 강화에 걸림돌이 되는 주변 사람들을 많이 제거했죠. 여기에는 자신의 심복뿐만 아니라 처형 등 친인척까지 포함되어 있었어요. 어떻게 보면 가장 확실하고 간단하게 반대 세력을 처단하는 방법이지만, 위험도 따르고 충신을 제거한 데 대한 주변의 반발도 뒤따르겠죠.

그렇다면 머리를 쓰는 방식은 어떨까요. 일본 역사상 자주 회자되는 인물로 세 명을 꼽을 수 있는데요, 오다 노부나가, 도쿠가와 이에야스, 도요토미 히데요시가 그들입니다. 재미있게도 이 세 명의 통치 스타일은 모두 달랐어요. 일본인들은 새를 대하는 태도에 빗대 이 세 사람을 비교하곤 합니다. 두견새가 한 마리 있는데, 이 새가 울지를 않습니다. 이 울지 않는 새를 본 오다 노부나가는 "새를 죽여버리라"고 명령하는 사람입니다. 마음에 들지 않는 상대는 처단해버리는 게 그의 성격이라는 거죠. 이에 반해 도쿠가와 이에야스는 "새가 울 때까지 기다리라" 명한다고 합니다. 인내와 끈기를 가지고 때를 기다리는 거죠. 그렇다면 도요토미 히데요시는 어땠을까요? 그는 "새를 울게 만들라"고 말했을 거라고 합니다. 이게 무슨 뜻인지는 그가 다스린 일본을 살펴보면 알 수 있어요.

도요토미 히데요시가 최고 권력자가 되었을 때의 상황은 태조 왕건과 크게 다르지 않았어요. 100년이나 지속된 일본의 전국시대를 끝내고, 서양에서 들어온 조총을 이용해 일본을 통일한 도요토미 히데요시의 권좌는 불안하기만 했습니다. 몇몇 힘있는 다이묘<sub>지방 호족</sub>를 제압하고 조총으로 위협해 통일까지는 이뤘지만 여전히 각 지방에 막강한 세력들이 살아 있었거든요. 이 상황을 해결하기 위해 그가 쓴 방법이 바로 임진왜란입니다.

생각해봅시다. 100년이나 전쟁을 치른 일본에서 평화로 인해 사무라이들이 할 일이 없어진다면 어떻게 될까요? 그대로 놔뒀다가는 어느 한구석에선가 폭발해 나라 전체를 위협할 수 있는 위험 요소가 되겠죠. 도요토미 히데요시는 이 에너지를 한데 모아 외부로 발산해버립니다. 바로 임진왜란<sub>1592년</sub>이라는 전쟁을 일으킨 겁니다. 혈기로 가득차 있던 일본의 사무라이들은 도요토미 히데요시에게서 조선을 지나 명나라를 친다는 계획을 듣자마자 환호성을 지릅니다. 도요토미 히데요시는 여기서 한번 더 머리를 써서 조선으로 떠나는 20만 대군의 선봉에 대부분 자신의 반대파들을 세웁니다. 명분은 전쟁의 선봉이었지만 적군의 손을 빌려 반대파들을 척결하겠다는 계산이 깔려 있었던 거죠. 실제로 도요토미 히데요시를 위협할 수 있었던 세력들은 대부분 임진왜란을 거치면서 약해집니다.

임진왜란이라는 전쟁은 그에게는 아쉬울 게 없는 계획이었습니다. 전쟁에서 이기면 조선이든 명나라든 손에 넣을 수있고, 지더라도 전쟁중에 조선에서 많은 인재와 물자를 약탈해 올 수 있으니까요. 또한 조선이나 명나라가 바다를 건너 일본으로 반격해 오기도 어렵다고 봤기 때문입니다. 실제로 근현대 이전에 배를 띄워 일본 정벌에 나선 나라는 원나라가 유일합니다. 그나마도 태풍과 일본의 강력한 방어로 정벌은 실패했죠. 어쨌든 도요토미 히데요시의 이 같은 상황타개책은 머리를 잘 썼다고 평가할 수는 있겠지만, 이웃나라에 크나큰 상처를 주고 전쟁으로 많은 사람을 죽음으로내몰았으므로 긍정적으로 보기는 어렵습니다.

### 바다와 같은 마음으로 반대파를 끌어안다

태조 왕건은 이렇게 과격하게 반대파를 죽이거나 전쟁 속으로 내모는 방법을 쓰지 않았습니다. 오히려 이들을 끌어

안아 가족으로 삼는 유화책을 택합니다. 일단 성씨를 내려주어 대접해주고, 지방 호족들 중에 딸이 있는 경우 그 딸과 결혼합니다. 이러면 딸이 서울에 올라와 있는 데다가 장인과

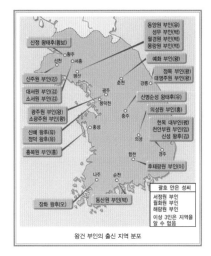

왕건 부인의 출신 지역 분포

사위 관계에서는 반란을 일으키기가 그만큼 어려워지죠. 그런 명분으로 후고구려 쪽에서 대여섯 명, 후백제 쪽에서 서너 명, 신라 경순왕 쪽에서 한두 명, 이런 식으로 부인의 수를 늘려가게 됩니다. 말년에 헤아려보니 왕건의 아내는 무려 스물아홉 명이었습니다.

그러나 왕건이 정략결혼만 한 것은 아니었어요. 그에게도 아름다운 청춘의 사랑 이야기가 있답니다. 왕건이 장군이었던 시절에 후백제와 전쟁을 치르면서 나주 지방을 공략하던

때였어요. 배를 이용해 나주에 상륙해 작전을 펴던 중, 목이 말라 우물가로 갔더니 빨래하는 처자가 한 명 있더래요. 그래서 물을 한 잔 달라고 했더니, 이 처자가 바가지에 물을 떠주면서 버들잎 하나를 띄워줍니다. 왕건이 왜 버들잎을 넣었냐고 물어보니까, 엄청 목이 말라 보이는데 급하게 마시다 체할까봐 그랬다고 대답했다죠. 마음 씀씀이가 참 예쁘지요? 이에 감동한 왕건이 나주 호족의 딸이었던 그 여인과 결혼을 합니다. 어떻게 보면 정략적 선택이 아니라 정말 사랑해서 결혼한 여자가 바로 이 사람이었겠죠. 이 여인이 바로 둘째 부인 장화 왕후 오씨, 나주 다련군의 딸입니다. 그리고 이들 사이에서 태어난 아들이 고려 제2대 왕 혜종입니다.

어쨌든 왕건이 거느렸던 많은 부인들의 존재는 말도 많고 탈도 많았지만, 실은 그가 호색한이어서가 아니라 왕권을 안정시키고 지방 호족을 다스리기 위해 철저한 정치적 계산 끝에 결정한 선택이었다는 겁니다. 그런데 딸을 시집보내기 어려운 상황의 호족들에게는 어떻게 했냐고요? 그들의 동생이나 조카들을 유학 명분으로 불러들여 돌보아주거나 <sup>기인제도</sup>, 아예 왕씨 성을 내려 가족처럼 끌어안았습니다 <sup>사성정책</sup>. 이제 왕건이 어떤 스타일의 지도자였는지 조금 더 분명해졌나요?

그럼 서두에서 드린 질문으로 돌아가볼게요. 꼭 왕이 아니더라도 우리는 인생을 살아가면서 크든 작든 한 무리의 리더가 되어 그들을 이끌고 책임져야 할 상황과 마주칠 수 있습니다. 지금 이미 그런 고민을 하는 분도 있겠고요. 나에게 어울리는 리더십은 무엇일지 생각해보신 적 있나요?

여러분이라면 강한 카리스마로 집단을 휘어잡고 반대파를 내치시겠습니까? 혹은 제3의 적을 내세워 내부를 다지고 자연스럽게 위험 요인을 제거하시겠습니까? 아니면 내 편과 네 편 모두를 넉넉한 마음으로 가족으로서 끌어안고 화합하시겠습니까? 정답은 없겠지만 역사책을 펼쳐 그에 대한 힌트를 얻을 수는 있겠지요. 우리가 역사를 공부해야 하는 이유가 바로 여기에 있습니다.

공민왕(1330~1374) 고려 제31대 왕(재위 1351~1374). 원나라 배척운동의 일환으로 몽골의 연호와 관제 및 풍속을 폐지했다. 쌍성총관부를 폐지하고 영토를 회복했으며, 신돈을 중용하여 개혁 정치를 펼쳤다. 왕비 노국 공주의 사망 이후 실정을 거듭하다 측근에게 암살당해 생을 마감했다.

# 사랑에 모든 것을 내던진 남자, 공민왕

'역사'라고 하면 여러분은 무엇이 떠오르시나요? 왕이 나오고 재상과 장군이 등장하는 영웅들의 대서사극이 떠오르시나요? 물론 큰 줄기의 역사들을 알아가는 것도 중요하지만, 역사란 결국 인간이 써내려가는 각본 없는 드라마 아니겠습니까. 인간이 어떤 존재입니까. 울고 웃으며 하루하루를 살아가는 감정적인 동물입니다. 지금 소개해드릴 이야기는 역사 속 한 인간의 스토리, 그것도 '사랑' 이야기입니다. 여러분도 역사를 건조하게 지식으로만 받아들이지 말고 가끔은 가슴으로 느껴보시면 어떨까요? 역사가 한결 가깝게 느껴질 겁니다.

## 공민왕 집권기의 정세

이 이야기의 주인공은 고려의 제31대 왕 공민왕입니다. 당시 상황을 잠깐 살펴보겠습니다. 우리나라가 다른 나라의 지배를 받은 적이 두 번 있습니다. 정확히는 한 번의 지배와 한 번의 간섭입니다. 가깝게는 일본에 나라를 빼앗겼던 일제강점기가 있고, 멀게는 고려시대에 몽골, 즉 원나라에 지배당했던 원 간섭기가 있죠. 대략 13세기부터 14세기까지 80여 년간 고려는 원나라의 간섭을 받았습니다.

고려가 몽골에 항복한 후 고려는 몽골의 '부마국'이 되었습니다. 부마는 왕의 사위를 가리키죠. 즉 원나라의 공주를 정복한 나라인 고려의 왕에게 시집보내는 겁니다. 그러면 고려의 왕은 원나라 황실의 사위가 되는 거예요. 보통 우리나라 왕 이름을 보면 뒤에 '조'나 '종'이 붙습니다. 이는 왕의 치적을 기리기 위해 붙여주는 것인데, 원나라의 지배를 받았던 시기의 왕들은 그냥 '왕'으로 불렸습니다. 게다가 더 굴욕적이게도 앞에는 원나라에 충성한다는 의미로 '충성 충忠' 자까지 붙였습니다. 충렬왕, 충선왕, 충숙왕, 충혜왕, 충목왕, 충정왕이 이에 해당되죠.

## 공민왕의 반원 정책

공민왕도 이름에서 알 수 있듯이 고려가 원나라의 간섭을 받던 시기의 왕이었지만, 당시 원나라의 힘이 약해지고 한족의 명나라가 강해지는 분위기를 타고, 국가의 자주성을 키워가며 몽골의 색깔을 씻어내는 데 주력했어요. 우선 행정 조직을 개편해 왕의 권한을 강화했죠. 이전까지 왕은 허수아비였고, 정방<sup>고려 후기 인사행정을 취급하던 기관</sup>이라는 곳에서 힘있는 권문세족<sup>무신정변 이후 원나라를 등에 업고 권세를 누리던 고려 후기 지배 세력. 높은 관직을 차지했으며, 불법적으로 대토지를 소유했다. 고려 후기 과거 시험을 통해 중앙으로 진출한 신진 사대부와 대립했다</sup>들이 자기 마음대로 나라를 주무르고 있었거든요. 공민왕은 이 정방을 없애고, 토지와 노비 문제를 해결하면서 부패한 관리들을 투옥하는 등 강도 높은 개혁 정치를 펼쳤습니다.

특히 고려에는 자기 집안의 딸<sup>기황후</sup>이 원나라 황제의 황후가 되자 하늘 높은 줄 모르고 횡포를 부리던 기씨 일족이라는 친원 세력이 있었어요. 공민왕은 왕위에 오르자 이 기씨 일족을 제거해버립니다. 여기서 그치지 않고 쌍성총관부<sup>고려 후기 원나라가 화주(함경남도 영흥) 이북을 차지하고 설치했던 통치기구</sup>를 무력으로 공격하여 수복하는 등 원나라에 빼앗겼던 영토도 회복합니다. 이 정도만 들어도 업적이 대단하지요? 그래서 고려 후기는 물론이고, 고려 전체를 보아도 태조 왕건과 함께 가장 중요한 왕으로 평가받는 왕이 바로 공민왕입니다.

그런데 이렇게 훌륭한 공민왕, 역사책에는 과연 어떻게 적혀 있을까요? 우리가 공민왕의 이야기를 접할 수 있는 기록이 대부분 조선시대에 쓰인 책인데, 그 책들을 보면 공민왕 치세 말기에 대해 비판적인 내용이 많습니다. 비단 공민왕만 그런 것은 아닙니다. 고려라는 나라 자체를 부정적으로 보는 시각이 대부분이죠. 아시다시피 조선은 고려를 무너뜨리고 세워진 나라잖아요? 그러니 고려에 대해 부정적으로 기술하면서 조선 건국의 정당성을 내세우는 것입니다.

아무튼 조선이 고려를 부정적으로 묘사하려면 그럴 만한 근거가 있어야겠죠? 그래서 고려의 왕이나 고려와 관계된 사건들에는 각각 꼬리표가 붙었는데, 공민왕이 부정적으로 서술되는 가장 대표적인 대목이 바로 공민왕이 이성애자가 아니라 남자를 좋아하는 동성애자였다는 점이었습니다. 성리학으로 무장한 조선에서 공민왕을 욕하기에 이보다 더 좋은 소재는 없었을 테지요.

자제위를 두어 나이 어린 미소년들을 뽑아 이에 예속시켰다. (……)

66

왕이 천성이 색을 즐겨하지 않았고, 또 능히 감당하지 못하였으므로 (노국)공주의 생시에도 행차함이 드물었다. 공주가 죽자 비록 여러 비를 맞이해 별궁에 두었으나, 가까이하지 못하고 밤낮으로 슬피 공주를 생각하여 드디어 심질을 이뤘다. 항상 스스로 화장하여 부인의 모양을 하고, 먼저 내비內婢 중 나이 어린 자를 방안에 들어오게 하여 보자기로 그 얼굴을 덮고는 김흥경 및 홍륜의 무리를 불러 난행하게 했다. 왕은 옆방에서 구멍으로 들여다보다가 은근히 마음이 동하게 되면 곧 홍륜 등을 데리고 왕의 침실로 들어가 왕에게 음행하게 하기를 남녀 간에 하듯이 해 번갈아 수십 인을 치르고서야 그치곤 했다.

_『고려사』「세가」43권, 공민왕 21년 10월

그렇다면 공민왕은 원래부터 미소년들과 음란한 생활을 즐기던 사람이었을까요? 아마 노국공주라는 이름을 아는 사람이라면 그렇지 않았음을 아실 겁니다.

## 오직 그대만이 내 첫사랑, 내 끝사랑

원 간섭기의 고려는 왕자들을 원나라에 인질로 보내는 절차가 있었어요. 공민왕 역시 열두 살에 몽골에 보내져 왕이 될 때까지 원나라 황실에서 살았습니다. 이때 원나라 황실 가문의 딸 노국공주와 정략결혼을 하게 되죠. 남이 시켜서 하는 결혼을 반기는 사람이 누가 있겠습니까만, 다행스럽게도 공민왕은 노국공주가 무척 마음에 들었던 모양입니다. 어린 공민왕은 고려에 두고 온 어머니를 그리는 마음도 컸기에, 노국공주를 아내처럼 사랑하면서, 때로는 어머니처럼 의지하면서 원나라에서 하루하루를 보냈다고 전합니다.

그렇게 노국공주와 알콩달콩 사랑을 하던 공민왕은 스물두 살에 고려로 돌아와 고려의 왕이 됩니다. 그리고 앞서 말씀드린 대로 과감한 개혁 정치를 펼치죠. 이때 노국공주는 어땠을까요? 노국공주는 언급한 대로 원래 원나라 황실의 딸입니다. 공민왕이 원나라에 반하는 정책을 펴는 것을 못마땅하게 여겨야 하는 위치였지만, 그녀는 오히려 아버지의 나라에 등을 돌리고 지아비의 나라인 고려를 품었습니다. 반대하지 않고 적극적으로 협조하여 자주적인 고려를 세우는 데 큰 기여를 했다고 전해집니다.

모든 관계가 그렇지만 연애도 어떤가요. 매일매일 즐겁고 행복하게 좋은 모습만 본다고 해서 꼭 그 관계가 돈독해지진 않죠. 때로는 힘든 일도 겪고 같이 위기도 넘기면서 동고동락할 때, 서로에 대한 신뢰가 쌓이고 애정도 더 깊어진다고 하잖아요. 공민왕과 노국공주도 마찬가지였어요. 공민왕이 돌아왔을 때 고려는 엄청난 혼란의 연속이었습니다. 밖으로는 남쪽에서 왜구가, 북쪽에서 홍건적이 침입해 들어왔거든요. 여담입니다만, 홍건적이 쳐들어왔을 때 공민왕과 노국공주는 경상북도 안동까지 피난을 가야 했는데요, 그때 큰 개울을 건너면서 노국공주가 물에 젖지 않도록 온 동네 여자들이 나와 개울물에 엎드린 후 그 등을 밟고 건너가게 했다고 해요. 그게 지금도 남아 있는 안동의 전통 풍속, 놋다리밟기의 유래랍니다.

또한 고려 내부에서는 공민왕의 개혁에 반대하는 친원 세력들이 반란을 일으켜 공민왕은 죽을 위기를 몇 번이나 넘겼습니다. 신하들이 공민왕을 죽이려 할 때, 노국공주는 왕을 방으로 피신시킨 후 문 앞을 지키고 서서 자신의 목숨을 걸고 끝까지 보호했다고 하니, 이런 여인을 어찌 사랑하지 않을 수 있겠습니까.

아무튼 이런 고난을 함께하며 몸을 사리지 않고 서로를 보호하고 지켜낸 공민왕과 노국공주의 사랑은 날이 갈수록 단단해져갔지요. 그런데 이 부부에게는 한 가지 고민이 있었습니다. 두 사람 사이에 아이가 생기지 않았거든요. 왕실엔 후사를 이을 자손이 꼭 필요했기 때문에 왕비가 임신을 못한다는 건 국가적으로 큰일이었어요. 그러다가 공민왕이 왕이 된 지 14년 만에 마침내 왕비가 회임을 하게 됩니다.

여러분, 이쯤에서 감이 오나요? 왕비가 멋진 왕자를 낳아 오래오래 행복하게 살았다면 공민왕과 노국공주의 사랑 이야기가 지금까지 전해졌을까요? 아니죠. 유명한 이야기에는 꼭 비극적인 사연이 있습니다. 노국공주는 아이를 낳다가 그만 난산으로 인해 생명이 위독한 지경에 이르렀습니다. 이 때 공민왕은 일급 죄인까지 사면해주며 공주의 무탈을 기원합니다. 그러나 노국공주는 왕의 간절한 기도에도 불구하고 세상을 떠나고 말았습니다. 공민왕은 그토록 사랑했던 아내가 죽자 얼마나 슬펐는지 직접 공주의 초상화를 그려두고 밤낮으로 초상화와 함께하며 울었고, 3년 동안이나 고기 반찬을 입에 대지 않았습니다. 『고려사』에 '노국공주가 죽은 뒤로는 과도하게 슬퍼하여 의지를 상실하였다'라고 기록되어 있을 정도이니, 그 슬픔과 상실감이 상상이 가시는지요.

왕위에 오르기 전 이미 함께 고락을 맛보았고, 귀국한 후엔 여러 번 사변을 평정하는 공을 세웠다. 흥왕사의 변에서 역적이 지척에 창궐한 때에는 몸으로 나를 막아 지켰으니, 우리나라가 오늘까지 존속할 수 있었던 데에 공적이 비할 바 없이 크다. 또한 일관되게 온공하고 침착하였으며 은혜롭고 인자했다. 나라를 가지고 가정을 가지는 데 배필처럼 중한 것은 없으며, 이렇듯 내조의 공을 세운 이에 대해서는 더욱더 잊을 수가 없다.

_『고려사』「후비열전」

### 노국공주의 죽음, 그후……

노국공주의 죽음 이후 공민왕은 예전과 달라지기 시작합니다. 노국공주의 초상화 앞에서 밥을 먹으면서 그림을 바라보며 음식을 권하거나, 관리들이 왕에게 올리는 예를 노국대장공주의 무덤에서도 올리게 하는 등 괴이한 행동들을 하기 시작해요. 그러면서 술에 빠져 살며 나랏일을 돌보지 않는 날이 많아집니다.

하지만 내부에서 끊임없이 공민왕에게 반대하는 세력이 일어났고, 밖에서는 외적이 침략해 들어왔습니다. 결국 노국 공주의 죽음으로 망연자실해 있던 공민왕은 6년 후 신돈을 중심으로 한 개혁 정치마저 실패하자 완전히 바닥으로 떨어졌던 것으로 보입니다.

자신에게 여자는 노국공주뿐이라며 후궁들도 가까이하지 않던 공민왕은 이후 자제위라는 기관을 설치해 미소년들을 뽑아 자신의 시중을 들게 했습니다. 이 과정에서 이들과 잠자리를 같이하거나 이들에게 후궁과의 성관계를 강요하고 그 모습을 지켜보는 등 예전에 하지 않았던 행동들을 벌이게 됩니다. 이게 후일 공민왕이 공격받는 핵심적인 근거가 되죠. 자제위와 후궁들을 간음시켜 왕자를 얻을 생각도 있었던 공민왕의 이 같은 행각은 결국 후궁<sup>익비</sup>을 임신시키게 됩니다. 이후 공민왕은 이와 연루된 무사들을 없애 입을 막고자 했으나 도리어 이를 눈치챈 최만생, 홍윤 등 자제위 무사들의 공격으로 매우 처참하게 암살당하고 말죠. 고려사에서 괄목한 만한 업적을 내고도 이렇듯 비참한 최후를 맞이한 왕이 바로 공민왕입니다.

하지만 공민왕이 미소년들과 어울렸다는 것은 조선시대에

씌어진 역사서 『고려사』에 나와 있는 내용이므로, 조선 건국의 정당성을 내세우기 위해 과장되거나 윤색되었을 수 있어요. 따라서 이런 부분은 문자 그대로 보되, 이 때문에 공민왕의 업적이 묻혀서는 안 되겠지요. 그럼에도 확실한 사실은 노국대장공주의 죽음 이후 공민왕이 전과는 다른 사람이 되었다는 겁니다. 이 모든 게 결국 노국공주를 잃은 슬픔 때문이었다고 하면 너무 과장된 해석일까요?

공민왕이 노국공주를 얼마나 사랑했는지 알려주는 증거는 곳곳에 남아 있습니다. 고려시대의 무덤은 통일신라시대의 양식을 계승했는데요, 오늘날의 무덤과 비슷합니다. 중간에 봉분이 솟아 있고 둘레에 돌을 쌓아 자리를 잡는 방식

개성에 있는 공민왕릉. 왼편이 공민왕의 현릉이고, 오른편이 노국공주의 정릉이다. 노국공주의 죽음을 애통해하며 공민왕이 직접 9년에 걸쳐 건립한 왕릉은 지금도 그 애절함이 살아 숨쉬는 듯하다.

공민왕과 노국공주의 영정 공민왕과 왕비가 마
주보듯 앉아 있다.

이죠. 고려시대를 통틀어 유일하게 쌍릉으로 만들어진 왕릉이 바로 공민왕의 무덤입니다. 지금도 개성에는 공민왕의 무덤이 남아 있는데, 무덤 두 기가 나란히 있습니다. 공민왕 옆은 누구의 무덤일까요? 두말할 필요도 없이 노국공주의 무덤이지요. 이 무덤을 공민왕은 9년에 걸쳐 직접 설계해 만들었습니다. 노국공주의 무덤과 맞닿아 있는 공민왕의 무덤 벽에는 구멍이 뚫려 있어서, 노국공주의 무덤으로 통하고 있음을 나타냅니다. 죽어서 영혼이라도 교감하고 싶은 공민왕의 마음이 고스란히 담겨 있는 거죠.

공민왕을 깎아내리는 많은 문헌 속에는 말년에 그가 술과 색에 빠졌던 점, 특히 남색을 즐긴 점이 언급되어 있지만, 그 배경에는 노국공주를 잃은 슬픔이 있었습니다. 너무도 아내를 사랑한 나머지 미쳐버린 남자. 그의 애절한 사랑 이야기는 고려를 삐딱하게 바라보던 조선 사람들마저도 감동시켰습니다. 고려를 다룬 많은 역사책 속에 공민왕에 대한 부정

적인 이야기뿐 아니라 노국공주와의 애절한 사랑 이야기가
담겨 있으니 말입니다.

더 놀라운 건 역대 조선 왕들의 신주를 모셔놓은 사당인
종묘에 생뚱맞게 공민왕 신당이 있다는 것입니다. 이상한 일
이죠. 조선의 왕들을 모신 자리에 고려의 왕이 끼어 있다는
사실 자체가요. 물론 그 정도로 공민왕의 업적이 크다는 반
증이 될 수도 있죠. 여기에 한 가지 사실을 덧붙이자면 공민
왕의 초상화는 단독 초상화가 아니라, 노국공주가 함께 그
려진 부부 초상화입니다. 공민왕의 지고지순한 사랑이 준
감동이 아니었다면 불가능했을 일일 겁니다.

공민왕은 왕으로서 훌륭한 치적이 많고, 예술적으로도 당
대에 가장 뛰어난 화가이자 서예가로 명성을 떨친 인물입니
다. 저는 그의 이런 업적들도 훌륭하다고 생각하지만, 죽음
도 가로막지 못한 한 사람을 위한 사랑에 더 마음이 움직인
답니다. 사랑이 주는 따스함과 감동을 느낄 새조차 없는 오
늘날, 공민왕의 이야기는 시공을 초월한 진정한 사랑의 의
미를 전해주는 것만 같습니다. 여러분은 어떻게 느끼셨는지
요?

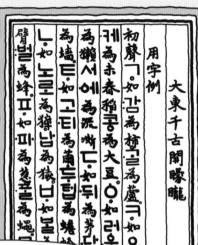

세종(1397~1450)　조선 제4대 왕(재위 1418~1450). 인재를 고르게 등용하여 이상적 유교 정치를 구현했다. 훈민정음을 창제하고 측우기 등의 과학 기구를 제작하여 백성들의 생활에 실질적으로 도움이 되는 문화 정책을 추진했다.

# 한글은 과연
# 세종이 만들었는가

세종대왕, 대한민국 국민이라면 모르는 사람이 없겠죠. 그런데 세종대왕을 그저 한글을 만든 훌륭한 분 정도로만 알고 넘어간다면 조금 서운한 일입니다. 오히려 한글 창제라는 거대한 업적 때문에 다른 수많은 치적이 덮여버리는 측면도 있거든요. 하나하나 짚어보면 정말 대단한 업적들을 남긴 임금이 바로 세종대왕입니다.

## 어마어마한 실록의 양, 세종 업적의 위용

우리가 조선 왕의 업적을 살펴보고자 할 때 주로 참고하는 것이 바로 『조선왕조실록』입니다. 왕이 죽은 후 그 왕과 관련된 사초<sub>실록, 일기 등 공식 역사 편찬의 첫번째 자료가 되는 기록으로서 사관史</sub>

官이 매일 작성한 원고, 왕에게 올라온 상소문, 비서실인 승정원에서 기록한 『승정원일기』 등 각종 문서를 모아 왕에 대한 모든 기록을 정리한 것이 실록이니까요. 실록의 수 또한 상당합니다. 총 2077책(유네스코 세계문화유산 등재 기준)으로 이루어져 있지요. 이 모든 실록 중에서 가장 방대한 양을 차지하는 것이 바로 『세종실록』입니다. 실록은 여러 벌을 필사해 보관하는데, 『세종실록』은 모두 163권으로 양이 너무 많아 딱 한 벌만 만들 수 있었습니다. 이후 6년이 지나 세조 때에 이르러서야 금속활자 인쇄를 이용해 간신히 세 벌을 더 제작하게 되죠.

그뿐이 아닙니다. 『조선왕조실록』은 보통 편년체로 기록되어 있습니다. 편년체란 일어난 일을 시간 순서대로 기록하는 방식을 말해요. 1일, 2일, 3일…… 날짜순으로 기록을 하는 거죠. 이렇게 적으면 상당히 꼼꼼하고 세심한 기록이 가능하겠죠. 하지만 세종의 어마어마한 업적을 편년체로 다 기록하기란 여간 어려운 작업이 아니었어요. 그래서 『세종실록』은 총 163권 중 127권까지는 편년체로 되어 있지만 나머지 36권은 전례없이 '지誌'로 구성됩니다. '지'는 시간 순서가 아닌 주제별, 사건별로 내용을 정리하는 방식인데요. 이렇게 기술 방식을 바꾸고 나서야 비로소 왕의 업적을 모두 기록

78

할 수 있었습니다. 역사를 기록하는 사관까지 녹다운시킨 장본인! 바로 세종대왕이십니다.

## 세종이 앓던 치명적인 병, 활자중독증

세종대왕이 왕위에 오르는 데에는 에피소드가 있었어요. 세종은 조선의 제3대 임금 태종의 세번째 아들이었습니다. 그렇다면 고개가 갸우뚱해지죠. 보통은 첫째 아들이 왕이 되기 마련인데 세종이 어떻게 왕위에 올랐을까요. 처음에는 태종도 순리에 따라 첫째 아들인 양녕대군을 세자로 책봉했어요. 그런데 양녕대군의 세자로서의 자질이 부족했던 모양입니다. 요즘 표현으로 하면 정신세계가 꽤나 독특했다고 할까요.

양녕대군에 얽힌 몇 가지 일화를 소개해보면, 일단은 공부를 싫어했어요. 그래서 몰래 궁을 빠져나가 사냥을 하러 가기도 했고, 한번은 태종이 글을 외워보게 했는데 제대로 외우지 못하자 공부를 열심히 하라고 꾸지람을 들은 적도 있었죠. 이런 점으로 볼 때 아주 훌륭한 왕세자의 자질을 지녔다고 보기에는 다소 미흡한 면이 있습니다. 특히 양녕은 여자 문제로 사고를 많이 쳐요. 양녕은 어리라는 여인에게 반하게 되는데, 이 여인은 이미 한 남자의 첩으로 살고 있는 상황이었습니다. 그럼에도 불구하고 어리를 궁에 들여 사랑을 나누었고, 심지어는 어리가 임신까지 하게 된 겁니다. 거기다가 여자 문제로 아버지인 태종에게 꾸지람을 듣자 되려 "아버지도 여자 많으면서 왜 저만 혼내세요?"라는 맥락의 편지를 쓰기까지 했죠. 이러한 이야기를 들으면 도저히 한 나라의 왕위를 이을 사람이라고 보기 어렵습니다.

이에 비해 세종은 타고난 천재였다고 평가받고 있습니다. 조선시대 임금 중에 천재로 꼽히는 대표적인 인물이 조선 전기의 세종과 조선 후기에 등장한 정조인데요. 정조가 노력형 천재였다면 세종은 날 때부터 천재였던 것 같아요. 세종은 왕자 시절 충녕대군으로 불렸는데, 태종에 대한 기록 중에도 충녕대군의 총명함과 학문에 대한 열정, 정치적 감각 등을 칭찬하는 내용이 많습니다. 특히 얼마나 독서에 몰두했던지 시력에 무리가 오고, 몸이 아파 누워 있을 때도 손에서 책을 놓지 않아서 아버지 태종이 신하들을 시켜 충녕대군 방에 있는 책을 모두 치워버리게 합니다. 그러자 세종은 우연히 병풍 뒤에 있어 빼앗기지 않은 책 한 권을 찾아내 이불 속에 감춰두고 수십, 수백 번을 반복해서 읽습니다. 이런 일화들이 전하는 걸 보면 세종은 거의 활자중독 수준의 공부 마니아였음을 알 수 있어요.

야사에 따르면 이토록 총명한 충녕대군에게 왕위에 물려
주고 싶으나 셋째 아들이라는 이유로 고민하는 태종의 뜻을
눈치챈 양녕대군이 일부러 미친 짓을 했다고도 하고, 아버
지 태종이 왕위에 오르는 과정에서 형제까지 죽이며 피의
숙청을 단행하는 모습을 보고 정치에 염증을 느낀 양녕이
실성한 척을 했다는 설도 있습니다. 그러나 이런 말들은 모
두 추측일 뿐 양녕대군의 속내는 누구도 알 수가 없죠. 여하
튼 행실이 바르지 못했던 양녕이 폐위된 후 세종은 세자로
책봉되어 왕위에 올랐습니다. 양녕대군도 동생의 비호 아래
말년을 평안하게 보냈다고 하니 모두에게 좋은 결과였다고
볼 수도 있겠네요.

이렇게 왕위에 오른 세종은 앞서 말했듯 헤아릴 수 없이
많은 업적을 남깁니다. 우선 이 시기에 조선의 과학기술이
크게 발전하는데
요, 세종은 과학
적 재능이 비상
했던 장영실을
등용하여 여러
학자들과 함께
수많은 발명품

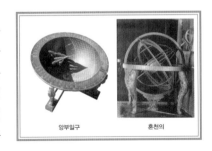

양부일구          혼천의

을 만들어냅니다. 농업에 도움을 줄 수 있는 측우기는 물론, 반원 형태의 해시계<sup>앙부일구</sup>도 만들었고, 저절로 움직이는 자동 물시계인 자격루도 만듭니다. 천체 운행과 위치를 측정하는 혼천의라는 각도기를 고안하기도 하고요.

신기전

또 세종은 국방에도 힘을 기울여 남쪽의 왜구 근거지인 대마도를 정벌하고, 신기전이라는 화포를 제작하는가 하면, 북방의 여진족을 몰아내면서 국토를 넓힙니다. 게다가 음악에도 관심이 많아 궁중음악인 아악<sup>고려·조선 연간에 궁중의식에서 연주된 전통음악</sup>을 정비합니다. 악보와 악기를 일일이 정리하면서 모든 음악의 기틀이 될 큰 사업을 벌이지요. 동양에서 가장 오래된 악보인 정간보까지 세종 때 고안되었으니 그야말로 다재다능의 아이콘이었습니다.

이 무수한 활약상 중에서도 역시 세종대왕 하면 떠오르

는 게 바로 한글이죠. 그럼 이제 본격적으로 한글에 관한 이야기를 해보겠습니다. 제가 이렇게 소중한 지면을 통해 독자 여러분을 만날 수 있는 것도 모두 세종대왕 덕분이라 하겠는데요. 한글의 소중함은 굳이 따로 말씀드릴 필요가 없을 것 같습니다. 다만 많은 사람이 한글 창제에 담긴 세종의 진심까지 알게 된다면 앞으로 한글을 더 아끼고 사랑하게 되지 않을까 싶습니다.

## 한글은 과연 누가 만들었을까

한글은 세종 대에 만들어졌다고 하지만 그 정황이 구체적으로 밝혀진 건 아닙니다. 한글 창제와 관련해 공동창제설과 단독창제설 두 가지 설이 있거든요. 세종이 신하들과 함께 한글을 만들었는지, 아니면 정말 자신의 천재성을 유감없이 발휘해 단독으로 만들었는지 논란이 있다는 얘기죠.

우선 공동창제설부터 살펴볼까요? 세종이 집현전 학사들의 도움을 받아 한글을 만들었다는 게 공동창제설이에요. 조선시대 전기에 나온 『용재총화』라는 책에는 이런 기록이 있습니다.

세종이 언문청을 설치하고 신숙주, 성삼문에게 명해 언문을 만들었다.

바로 이 내용이 공동창제설의 진원지입니다. 이후 허봉의 『해동야언』이나 이긍익의 『연려실기술』에서 모두 『용재총화』의 기록을 인용해 한글을 세종과 학자들이 함께 만들었다고 적고 있습니다. 이 구절만 따지면 누가 봐도 공동창제설이 맞는 듯합니다.

하지만 정작 세종에 관한 직접적인 내용이 담겨 있는 『세종실록』을 살펴보면 그렇게 단정지을 수만은 없어 보입니다.

이달에 임금이 직접 언문 스물여덟 자를 만들었다. 그 글자는 옛 전자를 본떴는데, 초성, 중성, 종성으로 나뉘어 합한 연후에야 글자를 이룬다. 무릇 문자<sup>한자</sup>에 관한 것과 우리나라의 이어<sup>이두</sup>에 관한 것을 모두 쓸 수 있다. 글자는 비록 간요하지만 전환이 무궁한데 이를 훈민정음이라 일컬었다.

_『세종실록』102권, 25년 12월 30일 두번째 기사

따로 설명이 필요 없죠? 『세종실록』에서는 분명히 세종이 직접 한글을 만들었다고 표현합니다. 어째서 같은 사실이 다르게 서술된 걸까요? 그 이유까지 알 수는 없지만 둘 중에 어느 쪽 입장이 맞는지 추리해볼 수는 있습니다.

결론부터 말씀드리면 여러 가지 근거들이 단독창제설, 즉 세종이 혼자 한글을 만들었음을 뒷받침하고 있습니다. 일단 『세종실록』을 살펴보면 세종이 훈민정음을 공표하기 전까지 단 한 번도 한글 창제와 관련된 기록이 나오지 않아요. 이게 무슨 뜻일까요? 실록은 왕이 한 일을 세세히 기록한 역사적 사실입니다. 실록에는 군사기밀은 물론 국가의 일급 정보까지 왕과 관련한 모든 이야기가 적혀 있습니다. 만약 세종이 공개적으로 신하들을 모아놓고 함께 한글을 만들었다면 이 내용이 반드시 적혀 있었겠죠. 그런데 이런 기록 없이 훈민정음이 어느 날 갑자기 짠 하고 나타났다는 건 세종이 그동안 비공식적으로 은밀하게 혼자 문자를 만들었음을 추론케 합니다.

## 극비리에 진행된 한글 창제 프로젝트

그러면 세종은 왜 비밀리에 훈민정음을 만들었을까요? 훈민정음이 공표되자 이에 반대하는 관료들의 상소문이 빗발칩니다. 훈민정음을 반대하는 상소 중 대표적으로 최만리가 올린 상소문을 보면 이런 내용입니다. 첫째, 중국의 문물을 본받고 섬기며 사는 처지에 한자와는 다른 이질적인 소리글자를 만드는 것은 중국에 부끄러운 일이다. 둘째, 한자와 다른 글자를 가진 민족은 몽골, 여진, 왜 등 하나같이 오랑캐

들뿐이니 새로운 글자를 만드는 것은 스스로 오랑캐가 되는 일이다. 셋째, 한글은 이두보다도 더 비속하고 쉽기만 한 것이라 어려운 한자로 표현된 중국의 높은 학문과 멀어져 우리네 문화 수준을 떨어뜨릴 것이다. 넷째, 훈민정음이 억울한 송사에 휘말리는 백성을 구제할 수 있다는 논리는 맞지 않는다. 이 네번째 이유를 내세운 건 바로 훈민정음 창제의 취지 때문일 텐데요, 이는 『훈민정음해례』에 나오는 내용과 연관이 있습니다.

우리나라 말이 중국과 달라서 한자와 서로 통하지 못한다. 그러므로 어리석은 백성들이 말하고 싶은 바가 있어도 마침내 그 뜻을 펴지 못하는 이가 많다. 내 이를 딱하게 여겨 새로 스물여덟 글자를 만드노니 사람마다 쉽게 익혀 나날이 쓰기에 편리하도록 함에 그 목적이 있느니라.

즉 세종은 글을 모르는 백성이 책을 읽지 못해 옳고 그름을 알지 못하여 죄를 짓고, 또 하고 싶은 말을 전하지 못해 억울한 일을 당하고 있으니 그런 일이 없도록 하기 위해 백성들을 불쌍히 여겨 훈민정음을 만들었다는 것입니다. 하지만 상소를 올린 최만리는 글을 몰라서가 아니라 관리의 자질에 따라 억울한 일이 생기는 것이며, 이런 일은 중국에서도 흔하다고 말합니다. 지금 시각으로 보면 최만리의 상소는 철저히 사대주의에 사로잡힌 터무니없는 트집들입니다. 아무튼 훈민정음 반포 후 한글 사용을 반대하는 엄청난 양의 상소문이 올라왔습니다. 그런데 이상한 건 말이죠, 훈민정음 창제 전까지는 한글과 관련된 상소가 단 한 건도 없었어요. 만약 소문이 조금이라도 돌았다면 양반들이 어떻게든 기를 쓰고 상소를 올렸을 텐데 말이죠. 이 말은 곧 세종이 한글을 만드는 걸 아무도 몰랐음을 의미합니다. 이것이 단독 창제설의 두번째 근거입니다.

세번째 근거를 들어볼까요? 세종대왕의 업적 중에 의정부서사제議政府署事制라는 것이 있습니다. 의정부란 조선시대에 임금을 보좌하여 정무를 총괄하던 국가 최고 기관으로, 행정 실무를 담당하던 육조의 업무들은 모두 이 의정부를 거쳐 국왕에게 올라가도록 되어 있었어요. 그러나 아버지 태종은 왕권 강화를 위해 의정부를 유명무실화하고, 임금이 직접 육조의 판서들에게 보고를 받고 명령을 내리는 육조직계제를 실시했습니다. 그런데 세종은 1436년에 의정부서사제를 실시합니다. 육조의 업무를 의정부를 거쳐 왕에게 올라가게 한 것이죠. 이것이 의미하는 바는 쉽게 유추해볼 수 있습니다. 육조직계제는 왕이 일일이 실무에 관여해야 하기에 여간 피곤한 체계가 아니었어요. 한글 창제에 뜻을 두고 있던 세종으로선 많은 시간을 빼앗기고, 복잡한 정무를 신경쓰는 일이 곤혹스러웠을 것입니다. 과중한 업무를 피하면서 한글 창제에 투자할 시간을 더 확보하기 위해 육조직계제를 의정부서사제로 바꾸었다고 추론해보는 것이죠.

게다가 다음해인 1437년에는 나라의 각종 대소사를 결정하는 서무 결재권까지 아들인 세자에게 넘겨버립니다. 왕이할 업무를 대폭 줄여버린 것이죠. 신하들이 궁금해하며 그이유를 묻자 세종은 몸이 아파서라고 대답합니다. 실제로세종은 당시 당뇨를 앓고 있었어요. 하지만 이때 세종의 나이는 불과 마흔 정도였고, 이후에도 10년 이상 산 걸 보면왕의 업무를 못 볼 정도로 몸이 불편했던 것 같지는 않습니다. 결론적으로 한글은 세종이 단독으로 창제했고, 본격적으로 집중한 시기는 1437년 직후부터라 여겨집니다. 그리고그 이후의 『세종실록』을 보면 세종이 언어와 관련한 자료를모았다는 내용이 나옵니다.

주자소에 명하여 『국어國語』 『음의音義』를 펴내게 하다

경연經筵에 갈무리한 『국어』와 『음의』 한 본本이 매우 탈락된 것이 많

으므로 중국에 구하여 별본을 얻었으나, 궐하고 빠진 것이 오히려 많고 주해가 또한 소략하였다. 일본에 구하여 또 상세한 것과 소략한 것 두 본, 『보음補音』 세 권을 얻어왔으나 역시 완전하지 못하였다. 이에 집현전에 명하여 경연에 간직하고 있는 구본을 주主로 삼아, 여러 본을 참고하여 와류訛謬된 것은 바로잡고 탈락된 것은 보충하며, 인하여 『음의』와 『보음』을 가지고 번란한 것은 깎아버리고 절목 절목 아래에 나누어 넣고, 그래도 완전하지 못한 것은 『운서韻書』로 보충하매, 드디어 주자소에 명하여 인쇄하여 널리 펴내게 하였다.

『세종실록』89권, 22년 6월 26일 두번째 기사


　　이쯤 되면 대략 결론이 나오죠? 결국 세종은 몸 상태로 인해 왕의 주요 업무를 신하와 세자에게 넘기고는 그 와중에도 남몰래 문자 만들기에 열중했고, 그로부터 10년이 지난 세종 28년 9월에 훈민정음을 반포했다고 보는 게 자연스럽지 않을까 합니다. 여러 정황이 세종이 뒤따를 숱한 비난의 화살을 피해 혼자 비밀리에 한글을 만들었다는 단독창제설에 무게를 실어주고 있어요. 그러나 중요한 건 단순히 어떤 설이 맞느냐를 따지는 것보다는 그 내막에 얽힌 진실을 파악하는 일이겠지요.

## 내 백성들을 불쌍히 여기어……

그렇다면 세종은 왜 왕권을 축소하면서까지 외롭고 힘들게 한글 창제에 전념했을까요? 많은 시간과 노력을 들여 한글을 만들고 집권층의 반대를 무릅쓰며 훈민정음 반포를 추진한 세종의 행동은 백성을 생각하는 끝없는 사랑이 아니고는 설명할 길이 없습니다.

당시 지배계급은 한자를 자신들만이 누리는 특권이라고 생각했어요. 다수의 백성들이 알지 못하는 한자를 읽고 쓸 줄 안다는 것이 양반들에게는 하나의 권위로 작용했죠. 양반들은 이런 상황에서 백성들이 글을 알게 되면 서적을 접하게 될 것이고, 이를 통해 지식이 깊어지고 함께 뜻을 나눈다면 그들의 힘이 커질 것이라 우려했습니다. 그로 인해 양반층의 특권이 사라지게 될까봐 두려웠던 것이죠.

하지만 세종은 글을 알고 모름에 따라 백성들이 억압받는 것을 원하지 않았고, 그리하여 한글을 창제, 반포하여 널리 퍼뜨리고자 노력했던 것입니다. 이후 세종은 집현전 학자들을 시켜 훈민정음의 창제 원리와 사용 방법을 설명하는 해설서를 편찬하고 각종 서적과 불경, 계몽서, 『용비어천가』 같은 개국 찬가 등을 훈민정음으로 번역하는 작업을 했습니다. 결과적으로 공동창제설에 등장하는 집현전의 학사들은 훈민정음 창제에 참여한 게 아니라, 이 시기 훈민정음 운서(한자를 음으로 분류하는 작업) 편찬에 관여했다고 봐야겠어요. 아래 기록을 참고해보시죠.

임금이 언문 자모 스물여덟 자를 만들었다. 대궐 안에 국을 설치하고 성삼문, 최항, 신숙주 등을 뽑았다. 이때 한림학사 황찬이 요동에 유배 와 있었는데 성삼문, 신숙주에게 명해 사신을 따라 요동에 가서 황찬에게 음운에 대해 묻게 했다. 무릇 요동에 열세 번이나 왕래했다.

_「동각잡기」「본조선원보록」

세종의 추진력은 굉장했습니다. 정음청을 설치해 훈민정음 관련 사업을 전담하도록 했고, 하급 관리인 서리를 뽑는 시험에 훈민정음을 포함하고, 일반 백성들이 관가에 제출하는 서류를 훈민정음으로 작성하도록 지시했습니다. 궁중의 여인들도 훈민정음을 배웠습니다. 그렇게 해서 훈민정음을 널리 퍼뜨리고자 했죠.

한글 창제에 얽힌 세종의 도전과 노력은 지금 우리에게도 시사하는 바가 분명 있습니다. 앞서 양반들은 피지배계층이

글을 알게 되면서 품게 될 저항 의식을 두려워한 나머지 훈민정음 반포에 반대했다고 했죠? 이에 아랑곳없이 세종은 꿋꿋하게 훈민정음을 널리 퍼뜨렸고, 역시나 역사는 양반들이 우려한 대로 흘러갔습니다. 조선 후기에 나온 국문소설인 『홍길동전』『춘향전』『흥부전』이 어떤 내용인가요? 모두 양반을 비꼬고 조롱하고 있죠. 한글을 통해 백성들이 생각을 깨우치고 힘을 키워나간 사례는 무수히 많습니다. 한글은 민중의 소리를 대변하는 힘이었습니다.

인간은 왜 읽고 쓸까요? 내가 가진 생각을 글로 쓰거나 남의 생각을 글로 읽는 과정에서 우리는 깊이 사유하고 분석하며 비판할 수 있는 힘을 얻습니다. 또한 유용한 지식을 주고받게 되지요. 읽고 쓰는 일을 가까이하지 않는다면 우리는 그럴 기회를 잃어버리고 말겠죠. 한글 창제에 얽힌 이야기를 읽고 세종대왕의 진심을 느끼셨다면 앞으로 우리말, 우리글을 더욱 더 사랑하고 아껴야 할 것입니다.

역사는 모든 과학의 기초이며
인간 정신의 최초 산물이다.

토머스 칼라일, 역사학자

# 우리가 몰랐던
# '인간 세종'

제가 어렸을 때만 해도 연예인이나 정치인 같은 유명인들은 신비로운 존재였어요. 그 당시에는 유명한 사람에겐 일반인과 다른 무언가가 있겠거니 생각하며 살았던 것 같습니다. 어쩌다 멀찍이서 얼굴만 봐도 그 사람 주변에 범접하기 어려운 거룩한 아우라가 드리워 있는 듯했어요. 어린 마음에 저런 사람들은 은은한 음악이 흐르는 집 안에서 화려한 옷을 입고 고급 음식을 먹으면서 고상한 대화를 나누며 살 거라고 믿었습니다.

요즘은 어떤가요? 대중과 멀리 떨어져 신비주의 전략을 쓰는 스타보다 마치 친구처럼 편안하고 소탈한 인물들이 사랑받는 세상 아닌가요? 때로는 어설프게 센 척하기보다 아예 인간적 면모나 약점을 대놓고 드러내는 게 매력이 되기도 합니다. 인터넷이 발달하고 스마트폰이 일상화되면서 더이상 무언가를 숨기기 어려운 시대가 되기도 했고, 사람들이 더이상 자신이 모르는 어떤 것에 무조건 환상을 품을 만큼 순진하지도 않기 때문이죠.

이제는 역사적 인물에 대한 판단도 비슷한 흐름으로 가야한다고 봅니다. 위인전을 한번 펼쳐보세요. 그들이 일생 내내 훌륭하고 아름답게 살았다고 적혀 있지만, 아무리 위인이라도 한 인간으로서 말하기 힘든 고민을 하며, 가끔은 실수도 하고, 해서는 안 될 일을 저지르기도 했을 겁니다. 그렇다고 해서 그 사람이 위대한 일을 하지 않은 건 아니죠.

지금부터 다룰 내용은 세종대왕의 위인전에는 나오지 않을 이야기들입니다. 분명한 역사적 사실이지만, 세종을 흠결 없는 완벽한 위인으로 치켜세우고자 하는 사람의 입장에서는 감추고 싶은 내용일 수도 있겠죠. 하지만 저는 이런 사실들이 역사 속에 박제되어 있는 세종을 생생한 한 명의 인간으로 되살려 우리 곁으로 더 가깝게 끌어당긴다고 믿습니다. 역사를 더 재미있게 이해하는 하나의 방식이기도 하고요.

세종은 보통 학문적인 능력이 뛰어나고 글공부를 좋아했던 사람으로 표현되는데요. 운동은 그리 좋아하지 않았습니다. 그런 까닭에 몸이 비대했던 것으로 전해져요. 아마도 세종은 광화문에 있는 동상이나 책에 실린 그림으로 보는 모습보다는 훨씬 풍채가 좋은 분이었을 겁니다. 요즘도 비만하면 과도한 육식이나 그로 인해 축적되는 콜레스테롤이 언급되곤 하잖아요? 세종은 몸을 움직이기 싫어하는데다가 고기를 참 좋아했던 모양입니다. 그냥 좋아하는 정도가 아니라 고기가 없으면 병이 나고 기력이 떨어질 정도였다고 하니까요. 그럼 지금부터 역사 속에 기록된 세종의 고기 사랑을 짚어보기로 하죠.

## 고기를 사랑한 육식남 세종

혹시 아시나요? 온라인상으로 『조선왕조실록』을 찾아볼 수 있는 조선왕조실록 홈페이지에서 '고기' 혹은 옛날 고기 반찬을 뜻하던 '육선'이란 단어를 검색해보면 『세종실록』에서 검색되는 양이 압도적으로 많다는 사실을요.

세부적인 내용들을 살펴보면, 우선 선왕인 정종조선 제2대 왕. 태종의 둘째 형으로 재임 2년 후 보위를 태종 이방원에게 양위하고 상왕으로 물러났다이 사망하자, 고기를 먹지 않았던 세종을 보고 아버지 태종이 감동했다는 기록이 있어요. 평소에 고기를 얼마나 좋아했던지 예를 갖춘다고 고기를 마다했다는 사실만으로도 아버지에게 감동을 주었다는 얘기죠.

> 주상이 젊었을 때부터 고기가 아니면 밥을 먹지 못하였으니, 이제 초상을 당하여 소찬素饌, 고기나 생선이 들어 있지 않은 반찬 한 지가 이미 오래되었으니, 내가 어찌 어여삐 보지 않겠는가.
>
> _『세종실록』 9권, 2년 8월 29일 세번째 기사

이후 태종은 자신이 죽으면 세종이 예법에 따라 고기를 먹지 않을 것을 우려해 상중에도 고기를 먹으라고 유언까지 합니다. 죽는 순간까지도 아들이 고기를 먹지 못하면 얼마나 고통스러워할지를 걱정했다고나 할까요. 그럼에도 효심이 깊던 세종은 예법에 따라 상중에 고기를 먹지 않았는데, 불과 두 달 만에 고기 금단현상에 시달리며 온몸이 허약해져 어쩔 수 없이 다시 고기를 먹게 됩니다.

> "졸곡卒哭 뒤에도 오히려 소선素膳을 하시어, 성체聖體가 파리하고 검게 되어, 여러 신하들이 바라보고 놀랍게 생각하지 않는 사람이 없으며, 또 전하께서 평일에 육식이 아니면 수라를 드시지 못하시는 터인데, 이제 소선 한 지도 이미 오래되어, 병환이 나실까 염려되나이다."

(……)

하니, 임금이 말하기를,

"상중에 고기 먹는 것이 예로 보아 어떨까. 경들은 내가 소식蔬食에 익숙하지 못하여 병이 날까 염려한 것이나, 내가 이제 병도 없으니 어찌 예에 범할 수가 있겠는가. 승려는 항상 소식만 하여도 오히려 살찐 자가 있는데, 나만 소식을 못한단 말인가. 경들은 다시 말하지 말라."

_『세종실록』 17권, 4년 9월 21일 네번째 기사

후일 세종은 자신의 고모인 경신공주가 죽은 후에도 무려 (?) 사흘이나 고기를 끊었다가 신하들에게 고기를 먹으라는 청을 받습니다.

"경신공주가 죽은 지 벌써 사흘이 지났는데, 전하께서는 지금까지 소선을 드시오니, 신 등이 퍽 두렵게 여기는 바는, 모든 일을 살피시며 수고하시는 몸으로서 이렇게 해서는 안 될까 하옵니다. 하물며 태종께서 항상 말씀하시기를 '주상께서는 하루라도 소찬을 해서는 안 된다' 하셨사오니, 바라옵건대 고기반찬을 다시 드소서."

_『세종실록』 31권, 8년 3월 25일 세번째 기사

이후에도 신하들은 임금이 기력이 없거나 나랏일로 수심에 빠질 때마다 고기를 먹으라고 청합니다.

의정부와 육조에서 대궐에 나아가 문안하였다. 임금이 가뭄을 걱정하여 18일부터 앉아서 날 새기를 기다렸다. 이 때문에 병이 났으나 외인에게 알리지 못하게 하였는데, 이때에 와서 여러 대신이 알고 고기찬 드시기를 청하였다.

_『세종실록』 29권, 7년 7월 28일 두번째 기사

한번은 고기반찬 투정도 했습니다. 임금 밥상에 고기가 올라왔는데 자기가 보기에는 백성들이 먹는 고기보다 못하다는 거죠.

임금이 대언들에게 이르기를,

"어제 행한 연회는 1년에 한 번만 실시하는 것이라, 연회가 파한 뒤에 신녕궁주에게 술 한잔을 올리기 위하여 중궁에 들어갔는데, 마침 보니 큰상에 놓인 고기가 바깥 사람들의 작은 상에 차린 것만도 못하니, 이것은 담당 관청에서 반드시 내가 직접 보지 않을 줄로 알고 이렇게 한 것이다. 어찌하여 이렇게까지 조심하지 아니하는가" 하였다.

_『세종실록』 31권, 8년 1월 2일 첫번째 기사

자기만 먹는 게 아니라 남한테 고기를 권하기도 했습니다. 세종이 아꼈던 황희가 상중에 조정으로 돌아와 일을 하게 되었는데, 나이가 들어 기력이 없자 다른 것들을 다 제치고 고기를 하사했답니다.

승정원에 전교하기를,

"예전에 나이 예순 이상인 사람은 비록 거상중居喪中이라도 오히려 고기 먹기를 허락하였는데, 지금 좌의정 황희는 이미 기복起復하였고 나이도 또한 예순이니 소식素食 할 수 없으므로, 내가 불러서 고기를 권하고자 하였다가 마침 몸이 불편하여 친히 볼 수 없게 되었으니, 너희들이 나의 명으로 (황희를) 빈청에 청하여 고기 먹기를 권하는 것이 어떠하겠는가. 혹은 대신을 접대하는 법을 가볍게 할 수 없으니 나의 몸이 회복되기를 기다려서 내가 친히 보고 고기를 권하는 것이 어떠할까."

_『세종실록』 38권, 9년 11월 27일 두번째 기사

이쯤 되면 세종이 얼마나 고기를 좋아했는지 알고도 남을 일이죠. 만약 세종대왕이 지금 살아 계셨다면 당장 고깃집으로 모셔 가 삼겹살에 소주 한잔 곁들여드렸을 텐데요. 여하튼 이 못 말리는 고기 사랑 덕분에 세종은 청년 때부터 당뇨나 심근경색 같은 각종 성인병에 시달렸다고는 합니다만, 어쩌겠습니까, 고기를 안 먹으면 도리어 병이 났다고 하니까요.

이런 일화를 접하면서 세종이 고기가 없으면 못 사는 사람이었다는 사실 자체도 재미있지만, 고기라는 음식을 통해 아들을 걱정하는 태종의 마음이라든지 왕을 아끼는 신하의 마음, 또 신하를 아끼는 왕의 마음 같은 것이 느껴져 한편으로 훈훈했답니다. 또다른 한편으로는 조선왕조를 통틀어 가장 훌륭한 성군으로 평가받는 세종이 건강 관리에 조금만 더 힘썼다면 얼마나 더 눈부신 발전이 있었을까 하는 생각에 아쉽기도 하고요.

## 뼛속까지 육식남, 우리가 몰랐던 남자 중의 남자 세종

우리는 보통 세종대왕 하면 찬란한 학문적 업적들로 인해 매우 고고한 선비 같은 인상을 떠올리게 됩니다. 그런데 혹시 그거 아십니까? 세종이 영토 확장이나 수복에 있어서도 매우 과감하고 적극적인, 그야말로 남자 중의 남자라는 사실을요. 고기를 좋아했던 힘이 바로 이런 데서 표출되는 걸까요? 국

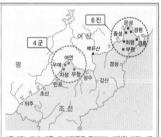

4군 6진 조선 세종 때 여진족을 물리치고 개척한 지역. 4군은 압록강 상류로 최윤덕이 확보한 지역이고, 6진은 두만강 유역으로 김종서가 개척했다. 4군 6진 개척으로 압록강과 두만강을 잇는 현재와 같은 국경선을 확보했다.

방에 힘을 쏟아 신기전이라는 화포를 만들었는가 하면, 김
종서를 시켜 북방의 여진족을 몰아내고 4군 6진을 개척했으
며, 남쪽으로는 왜구를 격파한 정복왕이기도 하죠. 세종은
조선의 임금들 중 영토를 넓힌 유일한 왕이라 해도 과언이 아
닙니다.

조선시대에 해외 정벌에 나선 것은 세종 때가 유일합니다.
왜구의 본거지인 쓰시마 섬<sup>대마도</sup>을 토벌한 것입니다. 왜구는
고려 말부터 극성을 부리더니 세종 대에 들어서 백성들을
죽이고 노략질을 일삼는 등 악명이 드높았지요. 결국 상왕
이었던 태종은 이종무 장군에게 병선 227척을 주며 대마도
정벌을 명했습니다. 그때 어변갑이라는 신하를 시켜 대마도
를 정벌하라는 명령서인「정대마도교서征對馬島敎書」를 내리는데
요, 그 무시무시한 내용은 다음과 같습니다.

대마도라는 섬은 본래 우리나라 땅인데 다만 험하고 궁벽하며 협소
하고 누추한 곳이므로 왜노가 웅거해 사는 것을 들어주었을 뿐이다.
그런데 이에 감히 개처럼 도둑질하고 쥐처럼 훔치는 흉계를 품어서,
경인년 이후로부터 변경에서 방자하게 날뛰기 시작하여 우리 군민을
살해하고, 우리 백성의 부형을 잡아가고, 가옥을 불태운 탓에, 고아
와 과부 들이 바다 섬 속에서 울고 헤매지 않는 해가 없었다. 이에 뜻

있는 선비와 어진 사람 들이 팔뚝을 걷어붙이며 분통이 터져서, 놈들
의 살을 씹어먹고 놈들의 살가죽을 깔고 자려고 생각한 지가 몇 해
가 되었다.

강한 카리스마가 과연 태종답습니다. 그리고 대를 이어
세종도 역시 강력한 경고를 보내는데요, 그 내용은 아래와
같습니다.

만일 본국으로 돌아가지도 내게 항복하지도 않고, 여전히 도적질이나
하려는 흉계를 품고 계속 섬에 눌러 있다면, 마땅히 크게 병선을
준비하여 군량을 가득 싣고 가서 온 섬을 에워싸고 공격할 것이니,
시일이 오래되면 반드시 그 속에서 자멸할 것이다. 그리고 만일 또
용감한 군사 10만 명을 뽑아서 곳곳에서 쳐들어간다면, 주머니 속의
물건이 어디로 가겠는가. 반드시 부녀자, 어린것까지 하나도 빠짐없이
땅에서는 까마귀와 솔개의 밥이 되고, 물에서는 고기와 자라의 배를
채울 것이 의심 없는 일이다. 그러니 어찌 깊이 슬픈 일이 아니겠는
가. 여기에는 화가 오고 복이 되는 길이 뚜렷이 나타나 있는 것으로,
아득하여 추측하기 어려운 일이 아니다.

_변계량, 「유대마주서論對馬州書」

아버지 태종과 그 피를 물려받은 세종, 역시 내 나라, 내

민족을 위협하는 자는 용서치 않는 기개가 넘치는 군주였습니다.

## 아들을 가슴에 묻은 세종

한편 세종에겐 인간적인 고뇌도 있었습니다. 세종은 자식이 많았는데요, 무려 18남 4녀를 두었습니다. 왕의 자손들은 잘 먹고 잘살기만 할 것 같지만 왕족으로서 힘든 점도 많은 것이 사실이죠. 배다른 형제들끼리 권력 다툼을 하는 경우도 허다했고요.

야사에 의하면 자식들의 앞날과 안위를 걱정하던 세종은 어느 날 소문난 역술가였던 홍계관을 불러 자식들의 사주를 물어봅니다. 예나 지금이나 부모의 마음은 똑같나봐요. 그런데 이상하게도 사주를 보던 홍계관이 다섯째 왕자 광평대군의 사주에 대해서만은 입을 다무는 것이었습니다. 어릴 때부터 총명하고 성품도 너그러워 세종의 사랑을 한 몸에 받던 광평대군이었기에 불안했던 세종은 홍계관을 다그쳐 말해보라고 합니다. 그런데 홍계관의 입에서 나온 얘기는 정말 황당했습니다. 다섯째 왕자는 굶어 죽을 사주라는 겁니다. 이게 말이 되나요? 백성들이야 그럴 수 있다 치지만 왕의 아들이 굶어 죽는다니요. 세종은 말도 안 되는 소리라고 생각했지만 그래도 혹시나 금지옥엽 아끼던 왕자가 굶어 죽을 수도 있을까 싶어 광평대군에게 무려 전답 500석을 내립니다.

그런데 어느 날 정말 희한한 일이 일어납니다. 밥을 먹던 광평대군이 생선을 넘기다가 목구멍에 가시가 박힌 거예요. 별일 아닌 것 같았지만 어떤 처방에도 가시는 쉽게 빠지지 않았습니다. 제아무리 용한 의원도, 심지어 어의마저도 이를 해결하지 못했죠. 결국 밥은커녕 물도 한 모금 마시지 못하던 광평대군은 시름시름 앓다가 얼마 후 정말 굶어 죽고 말았습니다. 이게 웬 운명의 장난인가요. 세종은 이렇게 총애하던 다섯째 아들을 먼저 보내고 맙니다. 찬란한 그의 후광 뒤에는 이렇게 자식을 가슴에 묻은 불행의 그림자도 있었지요. 하지만 실록 등의 자료에는 광평대군이 병으로 죽었다고 기록하고 있으니, 이 이야기는 입에서 입으로 전해지는 신기한 이야기 정도로만 기억하는 게 좋겠습니다.

### 며느리 복이 없는 세종

또한 세종은 가정사에서 남들에게 밝히기 힘든 고민이 있었어요. 앞서 말했듯이 세종은 여섯 명의 부인과 스물두 명의 자녀를 두었습니다. 수가 많다 보니 자식 걱정이 끊이질 않았는데요. 특히 세자의 며느리 문제로 골치를 썩었어요. 앞서 세종의 업적에 관한 이야기에서 언급했듯이 세종이 세자에게 왕의 업무를 8년 동안 넘긴 적이 있었습니다. 우리가 흔히 생각하기엔 왕이라면 무조건 편하고 좋을 것 같지만, 『조선왕조실록』을 보면 왕은 하루 종일 신하들에게 둘러싸여 공부와 격무에 시달렸다는 걸 알 수 있습니다. 세종의 세자 역시 어린 나이부터 왕의 일을 물려받아 하다 보니 스트레스가 적지 않았을 거예요. 이 세자가 세종의 뒤를 이어 왕이 된 문종인데, 세자 때 겪었던 힘든 일들의 영향인지, 문종은 즉위한 지 2년 6개월 만에 세상을 뜨고 맙니다.

특히 문종은 세자 때부터 부부관계에 문제가 있었어요. 처음 정실로 들어온 여인은 휘빈 김씨였습니다. 그런데 문종은 부인이 마음에 들지 않았는지 처소에 거의 들지 않았습니다. 당연히 자식도 없었고요. 혼인 당시 문종의 나이가 너무 어려 성에 대한 관념이 없었기 때문이라는 분석도 있지만, 나중에 나이가 들어서도 문종은 정실부인보다는 후궁을 더 자주 찾았습니다. 이에 위기감을 느낀 휘빈 김씨는 압승술이라는 민간 비법을 어디서 듣고는 문종이 자주 찾는 궁녀의 신발을 훔쳐 태우고 그 재를 문종에게 먹이려 했어요. 그러면 남편의 마음이 자신에게 돌아오리라 믿은 거죠. 그런데 이 계획이 발각되어 휘빈 김씨는 그만 쫓겨나고 맙니다.

그래서 두번째로 간택된 세자빈이 순빈 봉씨였어요. 안타깝게도 문종은 두번째 아내 역시 마음에 들지 않아했고 후궁인 양원 권씨와의 사이에서 아이를 갖습니다. 순빈 봉씨는 질투심이 아주 강해 양원 권씨를 불러다 매질을 하는가 하면 본인이 임신을 했다며 거짓말까지 서슴지 않았다고 해요. 이에 시어머니인 중전에게 불려가 혼나기도 하고요. 처음부터 별로 정이 가지 않았는데 이런저런 소동까지 일으키자 문종은 더욱 세자빈을 멀리합니다.

이 와중에 순빈 봉씨가 벌인 엽기적인 사건이 그 유명한 조선시대 동성애 사건이에요. 조선시대 궁녀들이 서로 동성애 행위를 하는 것을 '대식'이라 불렀는데요, 원래 대식이란 궁 밖 출입이 자유롭지 못한 궁녀를 보러 가족들이 면회 오는 걸 칭하는 말이었습니다. 궁녀에게는 휴가가 없었기에 가족을 만날 수 있는 유일한 방법은 가족들이 궁으로 오는 것이었고, 궁궐에서는 이렇게 찾아온 가족이나 지인이 궁녀의 처소에서 함께 밥을 먹을 수 있게 배려했습니다.

그런데 이 대식이라는 말이 어느 틈엔가 동성애를 뜻하는 은어로 바뀌어버려요. 임금의 승은을 입지 못하면 평생 남자와 관계할 일이 없는 궁녀들이 언제부턴가 서로서로 동성 관계를 갖는 일이 벌어지기 시작했습니다. 그러면서 원래는 가족이나 지인을 데려오는 일을 뜻하는 대식이 동성애 상대를 데려온다는 말로 변질된 거죠. 혼자 방을 쓰는 게 가능했던 상궁들을 중심으로 대식 행위가 있었습니다.

외로움에 하루하루를 보내던 순빈 봉씨는 견디다 못해 소쌍이라는 궁녀를 불러 대식 행위를 하기에 이릅니다. 이에 그치지 않고 단지라는 궁녀가 소쌍과 관계하는 걸 구경까지 합니다. 그러다가 이 모든 사실이 들통나 난리가 났죠. 세종이 왕이었을 때 벌어진 일인데, 며느리의 대식 행위에 격분한 세종은 순빈 봉씨를 폐하고 대식 행위에 대한 처벌을 대폭 강화합니다. 그러면서도 신하들에게 순빈 봉씨를 폐하는 이유를 기록에 남기지 말아달라고 부탁하죠. 왕도 끝내 숨기고 싶었던 왕가의 스캔들이었습니다.

비대한 몸으로 각종 성인병에 시달렸으며, 자식을 잃고, 며느리 문제로 골치가 아팠던 세종, 상상해보신 적 있습니까? 널리 알려져 있지는 않지만 이 또한 엄연히 세종의 삶이었고, 인간 세종이 겪었던 아픔이었습니다. 백성에 대한 깊은 사랑과 학문적 열정, 뛰어난 정치력으로 역사에 길이 남을 훌륭한 업적을 이룩한 성군이었지만, 그에 앞서 무수한 일상적 고민들 속에 한세상을 살아간 평범한 인간이기도 했던 것입니다.

흔히들 위인 하면 인간을 넘어선 초월적이고 위대한 존재라고 느끼기 마련입니다. 하지만 세상 모든 희로애락이 인간들이 그리는 그림이듯이, 결국 불완전하기에 사랑하고 사랑받을 수 있는 존재가 바로 인간이 아닐까 생각합니다. 세종도 우리와 똑같은 '인간'이었습니다.

역사 상식 Check!

# 조선시대의 왕비

여러분이 생각하는 조선시대 왕비는 어떤 사람인가요? 화려한 장신구로 치장을 하고 조신하게 앉아 수를 놓고 있는 여인? 왕을 뒤에서 조종하는 요부? 어떤 여인을 떠올리든 그 모습은 아마 사극을 통해 접한 이미지일 것입니다.

그렇다면 어떤 사람이 왕비가 될 수 있었을까요? 대체로 왕의 입장에서 세력 기반을 갖추는 데 도움이 될 만한 명문가의 딸이 왕비로 정해지는 경우가 많았습니다. 정략결혼의 성격이 있는 것이죠.

왕비를 간택하는 절차에 대해 알아볼까요? 왕비(또는 세자빈)를 간택하기에 앞서 국가에서는 전국의 결혼 적령기 처녀를 대상으로 금혼령을 내리고, 인적사항과 사주를 적은 처녀단자를 올리게 합니다. 하지만 전국 팔도의 처녀들 중 처녀단자를 올리는 사람은 25~30명 내외였습니다. 간택은 형식적인 절차일 뿐 사실상 후보가 내정된 경우가 많았기 때문입니다. 또한 간택에 참여하는 비용 등도 부담스러웠겠죠.

아무튼, 간택 대상이 된 처녀들 가운데서 초간택, 재간택, 삼간택의 세 차례 심사를 거쳐 최종적으로 왕비 후보가 정해집니다. 심사위원은 왕실 가족과 경력 있는 상궁들이었는데, 왕비를 간택할 때 살펴보았던 요소는 집안, 용모, 행실 등이었죠. 특히 용모 심사에서는 가슴이 크거나 목이 굵거나 미간이 좁은 경우 감점이 되었다고 합니다.

최종적으로 간택된 왕비는 별궁으로 가서 왕비 수업을 받습니다. 일종의 신부 수업이죠. 왕비는 별궁에서 왕실의 법도를 익히고, 가례, 즉 결혼식 순서를 연습하는 시간을 갖습니다. 이후 가례를 올리고 왕과 함께 궁궐에 입성하게 됩니다.

조선시대의 왕비는 왕의 부인이자 한 나라의 국모國母였습니다. 이 때문에 많은 사람들의 관심을 받았고 실제로 맡은 역할도 중요했죠. 왕의 아내이자 차기 왕의 어머니로서 모범을 보여야 했고, 때론 친히 누에를 치는 친잠親蠶 행사를 통해 농업을 권장하기도 했습니다. 그리고 무엇보다도 왕실의 명맥을 이을 왕자를 출산해야 했습니다. 이 때문에 사극에서 아들을 낳지 못한 왕비가 홀대받거나, 아들을 낳은 후궁이 기세등등해하는 모습이 연출되는 것입니다. 왕이 여러 후궁을 거느렸던 것은 바람기가 있어서가 아니라, 왕실을 번창시키기 위한 국가적 차원의 출산 장려 활동이었다고 볼 수 있답니다.

역사는 항상 새롭게 다시 쓰이며,
따라서 모든 역사는 현재의 역사이다.

칼 베커, 역사학자

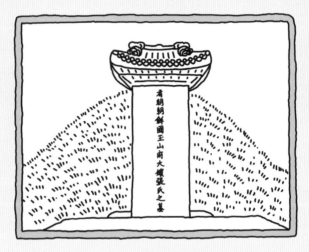

**희빈 장씨(1659~1701)** 조선 후기 숙종의 빈. 아들 윤(경종)이 세자에 봉해지자 희빈에 올랐다. 이후 인현왕후가 폐출되고 중전이 되었으나, 이를 후회한 숙종이 다시 인현왕후를 복위시키고 장씨를 희빈으로 강등했다.

**숙종(1661~1720)** 조선 제19대 왕(재위 1674~1720). 대동법을 전국에 실시하여 실효를 거두었으며 임진왜란과 병자호란 이후 계속된 토지 사업을 추진해 완결을 보았다. 주전(鑄錢)을 본격적으로 시행해 상평통보를 주조, 중앙 및 지방 관청 등에 통용하도록 했다. 영토 회복운동을 전개하고 금위영을 추가로 설치하여 5영 체제를 확립했다.

# 역대 드라마 최다 출연 커플? 장희빈과 숙종

역사를 비교적 쉽고 재미있게 접할 수 있는 방법 중 하나가 역사 드라마를 보는 거죠. 사극은 꾸준히 방영되는 편이니까요. 우리 민족은 오랜 역사를 자랑하니 소재도 많죠. 다만 드라마에서 다루는 역사는 시나리오에 맞게 각색된 하나의 해석일 뿐, 그것을 온전히 사실로 믿기에는 곤란한 측면이 있습니다. 드라마라는 건 일단 재미가 있어야 하기 때문에 극적 요소가 추가되다 보면 과장이나 확대해석이 따르기 마련일 테니까요.

드라마를 통해 가장 많이 조명된 역사적 인물 중 하나가 바로 장희빈입니다. 여러 이유가 있겠지만, 역시 사연이 기구하고 극적인 삶을 살았던 여자이기 때문이겠죠. 또한 조선시대에 후궁 출신으로 중전의 자리까지 올랐던 유일한 인물이라는 상징성 등에서 장희빈이 꾸준히 주인공으로 등장하는 게 아닌가 싶습니다.

2013년에 방영된 〈장옥정, 사랑에 살다〉라는 드라마를 보면 장희빈에 대한 시각이 기존의 해석보다 다소 유해졌다는 느낌을 받아요. 이전까지 장희빈은 조선을 대표하는 요부, 악녀로 표현되는 경우가 대부분이었거든요. 1961년 김지미부터 출발해 가장 최근 김태희까지 모두 아홉 명의 배우가 장희빈이 되어 드라마와 영화에 등장했는데요, 그 악랄함과 표독스러움을 얼마나 잘 드러내느냐가 장희빈 사극의 핵심이었다고도 할 수 있을 거예요.

### 조선의 미인, 환국의 소용돌이에 서다

장희빈의 본명은 장옥정으로, 희빈은 중전 아래의 후궁을 뜻하는 직함입니다. 조선시대 내명부의 정1품 여자 관리를 가리키는 '빈'은 후궁 중에서도 가장 지위가 높았다. 빈이 여럿일 경우 왕이 각각 그에 맞는 이름을 내렸다. 조선 후기, 장희빈이 등장한 시기의 임금은 숙종이었습니다. 그는 절대왕권을 휘두른 카리스마 넘치는 왕으로 알려져 있습니다. 숙종이 집권 내내 고민했던 것 중 하나가 왕권 강화였는데요. 당시 조선의 정치체제는 붕당정치특정한 학문적, 정치적 입장을 공유하는 조선시대 양반들의 집단인 붕당에 따라 정치가 진행되는 일였습니다.

붕당정치를 조선을 무너뜨린 나쁜 체제로 여기는 시선이 아직 있는데, 사실 붕당정치는 오늘날 우리 국회에도 남아 있는 아주 보편적인 정치 문화입니다. 우리나라도 현재 집권 여당과 비집권 야당이 있어 각자의 가치를 내세우며 서로 충돌하곤 하잖아요? 당시 조선도 서인과 남인으로 나뉘어 여당과 야당을 오가며 정쟁을 벌이고 있었을 뿐입니다. 적당히 균형을 맞추면서 독재를 견제하고 상호 발전적 경쟁을 통해 보다 나은 대안을 제시할 수 있는 체제가 붕당정치입니다. 그러나 서로 대립하는 건 그렇다 쳐도 어느 한쪽의 힘이 지나치게 강해져버리면 왕의 입장에서는 곤란하겠죠.

이에 숙종은 재위 기간 동안 자신이 직접 주도하여 무려 세 번이나 여당과 야당의 위치를 바꾸면서 왕권을 강화하는 데 주력했습니다. 이렇게 정국을 주도하는 당이 급작스럽게 뒤바뀌는 걸 환국換局이라고 합니다. 첫번째 환국은 경신년에 일어나 경신환국1680이라고 하는데요. 남인의 세력이 지나치게 강해졌다고 생각한 숙종이 역모를 꾀했다는 이유로 그들을 몰아내고 지배 세력을 서인으로 교체한 사건을 말합니다.

이후 주도권을 잃은 남인이 생각해낸 꾀가 바로 장옥정을 이용하는 것이었습니다. 남인들과 가까웠던 장옥정을 궁녀로 궁궐에 들여 숙종의 마음을 얻는 거죠. 당시에 숙종에게는 이미 인현왕후라는 중전이 있었어요. 서인들과 가까웠던 그녀는 전형적으로 참한 여성 스타일이었던 것 같습니다. 얼마나 청순했던지 태어날 때 그 집에 벌과 나비가 날아들어 춤을 추고 온 동네에 향기가 진동했다고 해요. 물론 이 내용은 서인이 썼다고 추측되는 『인현왕후전』에 등장하는 내용이긴 합니다.

그런데 남인은 장옥정을 궁녀로 들입니다. 이런 계략이 가능했던 것은 우선 장옥정의 출중한 미모 덕분이었던 듯합니다 장옥정의 사진이 남아 있지 않으니 얼마나 예뻤는지 확인할 길은 없지만, 『숙종실록』을 보면 "장희빈의 미모가 자못 아름다웠다"라는 구절이 있어요. 좀 예뻤다고 써놓은 게 무슨 대수냐고 하실지 모르지만, 실록에서 여인의 미모를 칭찬한 기록은 잘 없거든요. 아름답다는 기록까지 남아 있는 걸 보면 장옥정은 여간 미인이 아니었나 봅니다. 남인들은 이 정도 외모라면 궁궐에 들어가기만 하면 단번에 숙종의 마음을 사로잡을 거라 생각했고, 실제로도 그렇게 됩니다.

장옥정이 전략적으로 궁녀로 들어갔다고 볼 수 있는 확실한 근거는, 장옥정이라는 인물이 궁녀를 자청할 이유가 전혀 없었다는 것입니다. 조선시대 궁녀의 삶이란 그다지 아름답지 못했어요. 물론 당시 여성이 가질 수 있는 전문직 중 하나였고 꽤 많은 보수를 받았지만, 왕실의 시중을 들며 지내야 하고 결혼도 할 수 없었습니다. 궁녀는 왕의 소유였기 때문에 궁녀를 탐하는 건 국법을 위반하는 일이었고 궁궐 안에는 남자도 없었죠. 유일하게 기거하는 남자인 내시는 아시다시피 거세된 사람들이었습니다. 왕의 눈에 들지 못한 궁녀는 그냥 그대로 궁궐에서 지내다 죽는 거예요. 그래서 딸을 가진 입장에서 자식을 궁궐에 보낸다는 건 정말 형편이 어려워 부양이 힘들거나 돈이 필요한 경우에나 이루어지는 슬픈 일이었습니다.

그런데 장옥정은 중인 출신이긴 했지만 5촌 당숙<sup>아버지의 사촌</sup>이 엄청난 부자라서 궁궐에 팔려 갈 이유가 없었어요. 당시 조선에서는 중국과 비단, 인삼 등을 거래하는 밀무역이 성

행했는데, 이를 주도하던 역관고려와 조선시대에 통역, 번역 등 역학譯學 에 관한 업무를 담당하던 관리 중 장현이라는 거부巨富가 바로 장옥정 의 당숙이었습니다. 당시 역관은 중인 신분이었지만 상당한 부를 축적했고, 그것을 매개로 어느 정도 권력도 누릴 수가 있었어요. 장옥정의 당숙은 이런 배경을 바탕으로 남인들과 친분을 쌓을 수 있었습니다. 그러니 부잣집 출신에 얼굴도 아름다운 장옥정이 굳이 궁녀로 궁궐에 들어온 것은, 장옥 정을 내세워 재기를 노린 남인들의 물밑 작업이 아니었나라 는 생각을 감출 수 없습니다. 남인들의 전략이 맞아떨어져 장옥정은 입궁한 뒤 곧 숙종의 마음을 얻게 되고, 숙종과의 사이에서 윤이라는 아들까지 낳습니다.

상황은 점점 남인들이 원하는 방향으로 발전합니다. 보통 중전이 낳은 아들이 세자가 되는데 인현왕후는 자식을 낳지 못했습니다. 이에 숙종은 장옥정의 아들 윤을 세자로 책봉 합니다. 집권당인 서인은 남인 쪽 사람인 장옥정의 아들이 세자가 되자 아직 중전이 젊은데 후궁의 아들을 세자로 책 봉하는 것은 너무 성급한 결정이라며 거세게 반발하죠. 이 에 가만있을 숙종이 아닙니다. 세자 책봉에 반대한 죄를 물 어 서인들을 쫓아내고 남인들을 다시 여당으로 들이지요. 이 사건을 기사년에 벌어진 환국이라고 해서 기사환국

1689이라 합니다. 이 과정에서 서인 계열이던 인현왕후도 중전의 자리를 박탈당하고 궁궐에서 쫓겨나고 맙니다.

## 새로운 여인, 무수리 최씨의 등장

이렇게 해서 장옥정이 중전이 되고 나라의 실질적인 안주인으로 자리잡으며 이야기가 끝나는 걸까요? 당연히 아니죠. 이런 와중에 무수리 최씨라는 여자가 등장합니다. 원래 이 여자는 인현왕후의 수발을 드는 무수리였어요. 야사에 따르면 어느 날 숙종이 밤에 궁궐을 거닐고 있는데, 주인 없는 인현왕후의 침소에 불이 켜져 있는 겁니다. 의아하게 생각한 숙종이 침소에 가보니 무수리 최씨가 상다리가 휘어지도록 상을 차려놓고 있었어요. 왜 상을 차려놓고 이곳에 홀로 있는지 물어보자 무수리 최씨는 오늘이 인현왕후의 생일인데 몸은 없어도 마음만이라도 챙겨드리고 싶어 그랬다고 대답합니다.

이 마음 씀씀이에 숙종이 그만 홀딱 반했던 모양이에요. 그때부터 둘 사이의 관계가 시작돼 무수리 최씨는 숙종의 승은을 입고 연잉군이라는 아들까지 낳아 숙빈이 됩니다. 조선시대의 관직은 품계에 따라 정1품부터 종9품까지 있는데, 희빈과 숙빈은 품계로 따지면 정1품에 해당했어요. 이는 오늘날의 국무총리, 즉 영의정, 좌의정, 우의정 급이었다는 겁니다. 궁녀 중에서도 가장 낮은 무수리 출신으로 정1품까지 오른 여자가 최숙빈이었으니, 이 또한 역사적으로 유례가 없는 일이었죠.

숙종의 사랑을 독차지하던 장옥정에게 닥친 시련은 최숙빈의 등장이 끝이 아니었습니다. 숙종이 변덕을 부리기 시작한 겁니다. 시간이 흘렀으니 장옥정도 예전처럼 아름답지 않았을 테고, 숙종도 나이가 들어가면서 편안하고 인품이 뛰어났던 인현왕후가 다시 떠오르지 않았나 싶어요. 숙종은 은밀히 사람을 시켜 인현왕후의 안위를 알아보게 합니다. 그런데 자신을 궁궐에서 내친 임금을 원망하고 있을 줄 알았던 인현왕후가 웬걸, 시를 짓고 편지를 쓰며 자신을 낮추고 왕을 그리워하고 있다는 소식을 듣게 됩니다.

### 몰락의 그림자
천하의 숙종이 이 소식을 듣고 가만있지 않았겠죠? 크게 감동해 이전의 조처를 뉘우치며 인현왕후를 다시 궁으로 불러들이려 합니다. 그러지 않아도 인현왕후 폐출 당시 함께 실권했던 서인들은 인현왕후의 복위운동을 준비하고 있었습니다. 당연히 당시 집권 세력이었던 남인들은 이를 반대하면서 서인들을 탄압했죠. 하지만 이미 심경의 변화가 생긴 숙종은 남인들을 내치면서 다시 한번 환국을 불러옵니다. 갑술년에 일어난 갑술환국[1694]이죠. 결과적으로 남인들은 물러나고 서인이 다시 집권하는 한편, 인현왕후도 중전의 자리로 돌아옵니다. 그럼 장옥정은 어떻게 되었을까요? 중전이 된 지 5년 만에 별당으로 쫓겨나 다시 강등되는 신세가 되었지요. 자신의 지위는 인현왕후가 가져가고, 자신의 남편은 최숙빈에게 빼앗기게 된 것입니다.

장옥정은 질투심에 불타오릅니다. 특히 자신을 몰아낸 인현왕후를 용서하기 어려웠죠. 그래서 자신의 거처인 취선당에 무당을 불러 인현왕후를 저주하며 한을 풀기 시작합니다. 거기다 인현왕후의 침전 근처에 동물 사체를 묻기도 하죠. 그런데 이게 정말 통한 걸까요? 그후 인현왕후는 시름시름 앓다가 그만 죽고 맙니다.

사건은 이렇게 끝나지 않습니다. 인현왕후가 승하한 직후, 장옥정이 왕비를 저주했다는 사실이 숙종의 귀에 들어가고 맙니다. 야사에 따르면 장옥정의 행동에 노한 숙종은 처음엔 장옥정에게 자결을 권했다고 합니다. 그런데 두 번을 권해도 장옥정이 자결하지 않자 사약을 내렸다고 하죠. 장옥정은 울부짖다가 마지막으로 세자인 윤을 보고 싶다고 청해 윤이 불려오는데, 서인 측의 야사 기록에 따르면 이때 장옥정은 아들 윤의 하초下焦를 잡아당겼다고 해요. 그러고는 사약을 강제로 마시고 생을 마칩니다. 장희빈 드라마의 클라이맥스는 항상 마지막 회의 이 부분입니다. 억지로 먹이는 사약에 피를 토하며 비참하게 죽는 장희빈의 모습을 보여주는 것으로 드라마가 마무리되곤 했죠.

## 진실과 평가

그런데 방금 말씀드린 장옥정의 죽음에 얽힌 이야기는 사실 모두 야사입니다. 그러니까 정식으로 기록된 역사가 아니라 전해 내려오는 설화인 거죠. 맞는지 안 맞는지 확인할 길이 없는 내용이고요.『조선왕조실록』에는 장옥정을 사사했다고만 나와 있습니다. 아마도 장옥정과 관련된 일화는 후일 숙종의 뒤를 이어 왕이 되는 세자 윤, 경종 때문에 나왔을 가능성도 있어요. 경종은 즉위할 때부터 몸이 매우 약했고 후사 또한 남기지 않았습니다. 그래서 장옥정이 하초를 잡아당겼다느니 하는 소문이 돌았는지도 모르죠. 혹은 이런 얘기들 중에 사실이 있었더라도 실록에 정식으로 적기는 어려웠을 것으로 보입니다. 이후 역사는 흐르고 흘러 장옥정과 숙종, 경종까지 모두 죽고 최숙빈의 아들 연잉군이 왕이 됩니다. 그가 바로 영조입니다. 무수리의 아들이 왕까지 된 거죠.

지금까지 장옥정의 이야기를 살펴보며 눈치채셨겠지만, 장옥정이 등장하고 퇴장하는 과정에는 서인과 남인이 늘 함께합니다. 이쯤 되면 장옥정은 요부의 대명사이자 악녀의 화신이 아니라 붕당정치의 정쟁 속에서 사랑하는 남자를 잃은 희생양이라고 보는 편이 더 타당할지도 모르겠어요. 장옥정의 악행들도 서인들이 과장했거나 지어낸 적은 것일 수도 있고요.

장옥정의 외로움은 사후에도 계속되고 있습니다. 현재 경기도 고양시 서오릉조선시대 왕가의 무덤 다섯 곳이 모여 있는 사적지엔 숙종과 인현왕후의 무덤이 함께 나란히 자리잡고 있지만, 장옥정의 무덤은 그들의 묏자리에서 한참이나 떨어진 곳에 홀로 있습니다. 장옥정을 몰아낸 서인 세력이 역사 속에서 그녀를 좋게 표현하지 않았겠죠. 그때 생겨난 나쁜 소문들이 지금 드라마에 등장하는 장옥정의 이미지를 형성했는지도 모르겠습니다.

생각해보면 장옥정 역시 부유한 집안을 등에 업고 좋은

명릉 숙종과 인현왕후의 능이 쌍릉으로 나란히 있다.

희빈 장씨 묘(대빈묘) 서오릉 좌측의 가장 후미진 곳에 작은 규모로 조성되어 있다. 묘의 전체적인 꾸밈새, 석물 등이 초라하다.

집안으로 시집가서 평범하게 살 수도 있었습니다. 그녀 삶의 모든 비극은 바로 궁궐에 들어오면서부터 시작된 것이죠. 그녀가 행했던 최대의 악행이라고 할 수 있는, 무당을 불러 중전을 저주한 일조차 한 남자의 사랑을 잃고 아무것도 할 수 없었던 여자의 마지막 몸부림 같은 게 아니었나 생각합니다. 사랑에 살고 사랑에 죽은 여자 장옥정. 그런 의미에서 드라마 〈장옥정, 사랑에 살다〉는 꽤 잘 지은 제목이 아닌가 싶네요. 조선시대 붕당정치의 피바람 속에서 말 그대로 드라마 같은 삶을 살다가 희생양으로 전락한 여인, 이젠 역사적으로 재평가를 내려야 할 시점이 아닌가 합니다.

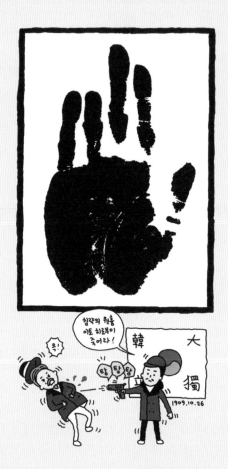

안중근(1879~1910)  한말韓末, 대한제국의 마지막 시기의 독립운동가로 삼흥학교를 세우는 등 인재 양성에 힘썼으며, 만주 하얼빈에서 독립군을 조직해 무력 저항운동을 펼쳤다. 1909년에 한반도 침략의 원흉 이토 히로부미를 사살하고 이듬해에 사형되었다. 사후 건국훈장 대한민국장이 추서되었다.

# 만세를 부를 그날을 위해, 도마 안중근

이야기를 시작하기에 앞서 존경의 의미를 되새겨보려고 합니다. 누구나 존경하는 사람이 한두 명쯤 있기 마련인데요, 꼭 역사적인 위인이 아니더라도 주변의 부모님이나 친척, 선생님, 이웃 등일 수도 있겠죠. 누군가를 존경하는 데에는 여러 가지 이유가 있을 겁니다. 인품이 훌륭해서, 능력이 뛰어나서, 닮고 싶은 모습이어서…… 그런데 존경받는 사람들을 보면 공통적인 특징이 있는 것 같아요. 자신만이 아닌 타인을 위한 삶을 실천한 분들, 나 혼자 잘 먹고 잘사는 게 아니라 사회 다수를 위한 가치에 헌신한 분들, 주로 그런 분들이 존경의 대상이 되는 듯합니다. 바로 그런 행동들이 인간이 할 수 있는 가장 숭고하고 아름다운 일이기 때문 아닐까요? 지금 소개해드릴 분 역시 우리나라 근현대사에서 정말 소중한 가치를 위해 자신의 삶을 희생한 대표적인 인물입니다. 그 사연을 자세히 알면 알수록 더 존경하게 되는 인물이기도 하지요.

## 가슴에 호연지기를 키우던 청년 안중근

흔히 안중근 선생을 도마 안중근 의사라고 부릅니다. 우선 이 호칭부터 살펴보죠. 안중근 선생의 '도마'라는 호는 '토마스'라는 이름에서 따온 것입니다. 안중근 선생은 천주교 신자였고, 세례명이 토마스였거든요. 어머니의 존함은 조 마리아였는데, 이것만 봐도 안중근 선생의 가문이 천주교 집안이었음을 알 수 있어요. 실제로 안중근 선생의 삶을 되짚어보면 천주교 신자로서 행한 인도주의적인 행적을 많이 발견할 수 있습니다.

안중근 선생의 아명<sup>兒名</sup>은 '응칠'이었습니다. 아명이란 아이 때 불리던 이름을 말하는 것인데요, 가슴과 배에 북두칠성 같은 일곱 개의 점이 있어서 붙여진 이름이라고 해요. 저 역시 아명이 있었습니다. 맞벌이하시던 부모님을 대신해 저를 돌봐주시던 외할머니께서 항상 '민석아' 말고 '민아'라고 부르셨거든요. 그러니 저 설민석의 아명은 '민이'가 되는 것이지요. 아무튼 가슴에 별을 품고 태어난 소년 안응칠. 훗날 안중근 선생은 본인의 저서에 '안응칠 역사'라는 제목을 붙이기도 하였으니 안응칠이라는 이름도 함께 알아두면 좋겠죠?

안중근 선생의 의거는 무력으로 이루어졌지만, 그는 문인이었던 아버지의 영향 아래 기본적으로 교육과 계몽에 관심이 많았습니다. 청년 시절에 애국계몽운동을 하며 민중을 교육하는 데 많은 공을 들였고 학교를 세우기도 하지요. 그렇다고 책상머리에만 앉아 있는 점잖은 선비는 아니었던 것 같아요. 어려서부터 말을 잘 타고 사냥에 뛰어나서 총을 쏘면 백발백중일 정도로 실력이 출중했다고 해요. 잘 놀고 주먹도 잘 쓰는 호걸로 우애와 의리가 깊었던, 가슴에 호연지기를 키우던 청년이었죠.

### 몸으로 맞서 나라를 구해야 한다!

이런 기질 때문일까요? 학교를 설립해 교육운동에 열중하던 안중근 선생은 조선을 노리는 일본의 움직임이 갈수록 심상치 않자 실질적인 힘이 필요하다고 여겨 의병나라가 외적의 침입으로 위급할 때 국가의 명령을 기다리지 않고 민중이 자원해 외적에 대항하여 싸우는 구국 민병으로 변신합니다. 만주 지역으로 건너가 자리를 잡고, 국경을 넘어 일본군을 공격하며 무력 투쟁을 시작한 거죠.

그러던 중 결정적인 사건이 벌어집니다. 안중근 선생의 의병들이 일본군 수비대를 공격해 제압한 뒤 일본군과 상인 열명 정도를 포로로 잡은 거예요. 그런데 적군이나 다름없는 이 일본인들을 안중근 선생은 모두 털끝 하나 건드리지 않고 풀어줍니다. 국제법상 전쟁 포로에 관한 규약을 엄수해야 한다는 것이 이유였어요. 인도주의적 입장을 취한 것으로 천주교 신자다운 행동이었다고 볼 수 있겠죠.

이 행동 자체는 아름다웠지만 결과는 좋지 않았습니다. 그의 행동을 이해하지 못한 의병들은 곁을 떠났고, 반대를 무릅쓰고 풀어준 포로들은 기지로 돌아가 안중근 부대의 존재와 위치를 발설해버립니다. 결국 일본군이 출동해 이 부대의 본거지를 초토화해버렸고, 안중근 선생은 목숨은 건졌지만 이후 독립군 자금이나 의병 지원이 끊어지고 말았습니다. 강단 있게 독립운동을 이끌 사람이라는 신뢰를 얻지 못한 거죠. 하지만 역사의 실타래라는 것이 참 오묘해서 이 사건은 결국 오늘날 안중근 선생을 있게 한 그 유명한 거사로 그를 이끌게 됩니다.

1909년 새해, 안중근 선생은 의병 동지 열한 명과 함께 왼손 무명지를 잘라내고 구국의 결의를 다집니다. 그 유명한

'단지동맹斷指同盟'이지요. 태극기에 피로 아로새긴 '대한독립'이라는 네 글자. 그 네 글자를 위해 투신하겠다는 사나이들의 목적은 단 하나! 손가락을 끊어내면서까지 지키고자 했던 조국의 자주독립이었습니다.

아마 이런 모양의 손도장을 보신 적 있을 겁니다. 우리에게 이미 잘 알려져 있는 안중근 선생의 손도장입니다. 왼손 넷째 손가락 한 마디가 잘

안중근과 그의 수인

려나가고 새끼손가락과 나란히 같은 높이로 찍혀 있습니다. 바로 이 손 안에 나라를 구하고자 했던 용감한 젊은이의 뜨거운 의지가 담겨 있는 것이지요.

이런 와중에 안중근 선생에게 한 가지 소식이 전해집니다. 우리나라의 초대 통감으로 부임해 온갖 만행을 저지르던 이토 히로부미가 만주에 나타난다는 것이었습니다. 이토 히로부미는 일본의 한반도 침략에서 아주 중요하고 결정적인 역할을 한 상징적인 인물이었습니다.

이토 히로부미는 현대 일본에서도 영웅으로 인식되고 있습니다. 초대 총리로서 여러 근대적 개혁을 시도하여 성공했고, 그 결과 일본이 서구 열강과 어깨를 나란히 할 정도로 성장하게 된 바탕을 만든 인물이기 때문입니다. 일본 입장에서는 이토 히로부미가 영웅일지 모르겠습니다만, 우리에게 이토 히로부미는 한반도 침략의 원흉이자 동양 평화의 파괴자였고, 1905년에 을사늑약으로 우리 외교권을 강탈하는 등 우리나라가 식민 지배를 당하게 되는 전체적인 틀을 세운 결정적인 인물입니다.

## 침략의 원흉 이토 히로부미를 처단하다

거사는 1909년 10월 26일에 벌어졌습니다. 장소는 만주의 하얼빈 역이었고요. 안중근 선생은 가슴에 권총 한 자루와 이토 히로부미의 사진 한 장을 품고 이른 아침부터 찻집에서 상대를 기다리고 있었습니다. 마침내 이토 히로부미가 기차에서 내려 도열해 있는 러시아 의장대 앞을 지날 때 번개처럼 달려들어 세 발의 총탄을 쏩니다. 그리고 혹시 그가 이토 히로부미가 아닐 것을 우려해 주변에 있던 일본인 수행원들에게도 총을 한 발씩 쏘았다고 하죠.

전하는 얘기 중에는 안중근 선생이 사진만으로 이토 히로부미가 누군지 알 수 없어 현장에서 대담하게도 그의 이름을 크게 부르고 이토 히로부미가 반응하는 걸 확인한 후 총을 쏘았다는 말도 있습니다. 아무튼 총탄은 이토 히로부미에게 명중했고, 안중근 선생은 그 자리에서 러시아군에 생포되고 맙니다. 그러나 끌려가는 마지막 순간까지도 장렬히 외쳤습니다. "코레아 우라!" 러시아 어로 '대한만세!'라는 뜻이었습니다.

당시 이토 히로부미 암살에 나선 건 안중근 선생만이 아니었어요. 이토 히로부미가 정확히 어느 역에 모습을 드러낼지 알 수가 없었기 때문에 안중근 의사를 포함해 총 세 명의 의사가 각기 다른 장소에서 저격을 준비하고 있었습니다. 만약 이토 히로부미가 다른 역에 나타나 다른 의사가 총을 쏘았다면, 우리가 기억하는 이름은 안중근이 아니었겠죠. 하지만 이토 히로부미는 안중근 선생 눈앞에 나타났고, 그는 놓치지 않고 그 역사의 순간을 포착했습니다.

총에 맞은 이토 히로부미는 응급처치를 받았으나 곧 사망합니다. 옆에 있다가 저격당한 수행원들도 중경상을 입었고요. 생포되어 끌려간 안중근 의사는 사형을 선고받습니다. 하지만 항소나 상고를 하지 않았어요. 그는 담담히 죽음을 기다리며 감옥에 있는 5개월 동안 독서와 저술 활동에 힘썼는데, 이때 저술한 책이 『안응칠 역사』라는 자서전과 『동양평화론』입니다. 특히 우리가 주목해야 할 것은 『동양평화론』입니다. 재미있는 점은 '동양평화론'을 처음 주장한 사람이 다름 아닌 이토 히로부미였다는 겁니다.

이름은 똑같은 '동양평화론'이지만 깊이 들어가보면 기본 관점과 생각에는 차이가 있습니다. 동양평화론 자체는 우선 동서양의 대립 구도를 전제로 합니다. 서양이 동양을 침략해오는 세계적인 정세에서 동양인들이 어떤 태도를 취해야 하는지에 관한 내용이죠. 이토 히로부미의 동양평화론이란 서양 세력에 맞서 일본과 중국, 한국이 하나로 뭉치되 그 중심은 일본이 되어야 한다는 주장이었어요. 일본이 한국과 중국을 식민지화하는 데 명분을 부여하는 내용이죠. 이에 반해 안중근 선생은 서양 세력에 맞서 동아시아 3국이 뭉쳐야 한다는 데는 동조하지만, 세 나라의 평등한 관계 속에 이루어져야 한다는 의견이었습니다. 일본의 침략 논리를 정면으로 반박했다고 할 수 있죠.

또한 안중근 선생은 글만 잘 쓰는 게 아니라 글씨도 잘 쓰는 명필이기도 했습니다. 그래서 감옥에 있던 교도관들이

수시로 찾아와 가훈이나 글귀를 써줄 것을 부탁할 정도였다고 해요. 워낙 식견이 뛰어나고 인품도 훌륭하여 감옥 안에서도 대단히 존경을 받았던 것으로 전해집니다. 재판을 받을 때에도 검사나 변호사는 물론 판사조차도 그를 함부로 대하지 못했다고 하지요.

안중근 선생은 재판중에 자신을 '암살자'라고 부르는 것을 부정하고, 본인은 대한의군 참모중장 자격으로 침략자에 항거한 것이며, 따라서 범죄자가 아니라 교전중에 붙잡힌 포로로서 대우해달라고 주장하기도 했습니다. 또한 이토 히로부미의 죄가 15가지나 된다면서 자신의 책 『안응칠 역사』에서 조목조목 비판하기도 했어요. 그 15가지 죄목은 다음과 같습니다.

1. 한국의 명성황후를 시해한 죄
2. 한국 황제를 폐위시킨 죄
3. 을사늑약과 정미 7조약을 강제로 맺은 죄
4. 무고한 한국인들을 학살한 죄
5. 정권을 강제로 빼앗은 죄
6. 철도, 광산, 산림, 천택을 강제로 빼앗은 죄
7. 제일은행권 지폐를 강제로 사용한 죄

8. 군대를 해산시킨 죄

9. 교육을 방해한 죄

10. 한국인들의 외국 유학을 금지시킨 죄

11. 교과서를 압수하여 불태워 버린 죄

12. 한국인이 일본인의 보호를 받고자 한다고 세계에 거 짓말을 퍼뜨린 죄

13. 현재 한국과 일본 사이에 경쟁이 쉬지 않고 살육이 끊 이지 않는데 태평 무사한 것처럼 위로 일왕을 속인 죄

14. 동양 평화를 깨뜨린 죄

15. 일왕의 아버지를 죽인 죄

## 숭고한 희생, 떳떳한 죽음

안중근 선생은 뤼순 감옥에 갇힌 지 5개월 만인 1910년 3월 26일, 형장의 이슬로 사라졌습니다. 그때 그의 나이 31세였습니다. 그는 사형수였음에도 늘 의연하고 떳떳하여 일제 관료들마저도 머리를 조아렸다고 합니다. 안중근의 사 형 집행에 대한 기록을 보면 이런 대목이 있습니다.

매우 침착한 태도로 안색이나 말도 평상시와 조금도 다름없이 끝까지 떳떳하게 죽음에 이르렀다.

_뤼순 감옥을 관할하던 일제 관동도독부의 기록

일제가 다른 사형수들과 달리 시신을 눕힐 수 있는 '침관'을 허락한 것은 아마도 안중근 의사의 이러한 인품을 존중하여 보인 최대한의 예우였을 것입니다. 치바 도시치라는 일본인 간수는 안중근 의사를 흠모하여 안중근에게 받은 유묵을 죽을 때까지 간직했고, 또 안중근 선생의 기일도 챙겼다고 해요. 안중근 의사의 목숨을 던진 의거에도 불구하고, 결국 1910년 8월 우리나라는 일본에 국권을 빼앗기고 맙니다. 사형을 당하기 직전까지 "한일 양국이 서로 협력해서 동양 평화 유지를 도모하길 바란다"고 했던 안중근 선생의 바람이 무참히도 짓밟히는 순간이었습니다.

안중근 의사는 죽음을 앞두고 유언을 남겼는데, 이 유언을 한번 읽어봅시다.

● 안중근 의사의 마지막 유언

내가 죽은 뒤에 나의 뼈를 하얼빈 공원 곁에 묻어두었다가 우리 국권이 회복되거든 고국으로 반장해다오. 나는 천국에 가서도 또한 마땅히 우리나라의 회복을 위해 힘쓸 것이다. 너희들은 돌아가서 동포들에게 모두 각각 나라의 책임을 지고 국민 된 의무를 다하며 마음을 같이하고 힘을 합하여 공로를 세우고 업을 이루도록 일러다오. 대한 독립의 소리가 전국에 들려오면 나는 마땅히 춤추며 만세를 부를 것이다.

나라의 독립을 간절히 원하는 그의 마음이 전해지나요? 안중근 선생의 모든 삶과 업적, 그리고 그가 남긴 흔적들을 보면 오로지 조국을 위해 살았다는 것이 절절히 느껴집니다. 안타까운 점은 그의 유언대로 유골을 우리나라로 모셔 와야 하는데, 무덤의 위치를 정확히 몰라 그러지 못하고 있다는 것입니다. 당시 간수의 증언에 따르면 안중근 의사를 처형한 후 유해를 근처에 묻었다고 하는데, 정확한 장소를 알 수가 없는 상황입니다.

안중근 의사는 떠났지만 그의 굳은 의지는 이봉창, 윤봉길, 유관순 같은 후배들에게 전해져 우리나라의 민족정신을 유지하고 독립을 이뤄낼 수 있는 힘이 되었습니다. 나라를 잃는다는 건 참 슬프고 서러운 일입니다. 그러나 그렇게 어려운 시기를 거치면서도 다시 일어서 현재의 대한민국에 이를 수 있었던 것은, 안중근 의사와 같은 훌륭한 분들의 숭고한 희생이 있었기 때문입니다. 적어도 그분들이 무슨 일을 했고 어떻게 살았는지를 공부하는 것은 이 나라에서 살아가는 국민으로서의 의무가 아닐까 생각해봅니다.

역사 없인 자유가 없고,
또 그와 반대로
자유 없인 역사가 없다.

E. H. 카, 역사학자

윤봉길(1908~1932) 일제강점기의 독립운동가. 농촌계몽운동을 주도하다 만주로 망명해 본격적인 독립운
동을 준비했다. 1932년 4월 29일 일왕의 생일 기념 행사장에 폭탄을 던져 일본 상하이 파견군 대장 등을 즉사시
키는 거사를 치르고 현장에서 체포된 뒤 총살당했다.

# 내가 던진 건
# 도시락 폭탄이 아니었다!
# 윤봉길 의사

사람과 쉽게 친해지는 비법 하나 알려드릴까요? 원래 사람은 자신을 알아주는 상대에게 끌린다고 하죠. 그런데 알아준다는 게 사실 좀 애매해요. 이름, 전화번호, 직업, 주소 따위를 안다고 그 사람을 잘 안다고 할 수 있을까요? 저도 사람을 잘 안다는 것이 무엇인지 아직 모릅니다. 다만 그 사람을 알아가는 저만의 방법은 있어요. 바로 사소한 부분을 기억하는 거죠. 그 사람이 나를 처음 만날 때 입었던 옷, 좋아하는 음식, 습관, 말투…… 그런 게 뭐가 중요하냐고 반문하실 수도 있지만, 나중에 그 조그만 기억들이 그 사람과 나를 연결해주는 중요한 고리가 되곤 한답니다. 그 사람에게 저는 그런 작은 일까지 기억해주는 세심하고 관심 많은 사람이 되는 것이고요. 관계는 디테일에서 시작된다는 게 타인을 대하는 저의 소신입니다.

우리가 역사를 대할 때도 때로는 그런 디테일들이 역사와 가까워지는 데 도움을 주기도 합니다. '이거면 어떻고 저거면 어때' 하면서 넘어갈 수 있는 일들을 꼼꼼히 따져보고 정확히 기억할 때 역사는 한층 더 가까이 내 곁으로 다가온다는 얘기지요. 우리에게 소중한 역사일수록 더더욱 그런 관심들이 필요할 터이고요. 그런 의미에서 윤봉길 선생에 대해 우리가 잘못 알고 있는 사실들을 중심으로 이번 이야기를 풀어갈까 합니다.

우선 이 얘기부터 꺼내볼게요. 흔히들 윤봉길 선생을 '의사'라고 부르는데요, 우리가 독립운동가를 부르는 말 중에 '열사'라는 호칭도 있죠. 그럼 '의사'와 '열사'의 차이는 무엇일까요? 어떤 이들은 "성공하면 의사고, 실패하면 열사"라고 말하기도 하는데, 이는 명백히 잘못된 지식입니다. 일단 의사는 나라와 민족을 위해 항거하다가 의롭게 죽은 사람, 그 중에서도 주로 무력으로 싸우다 죽은 사람을 가리킬 때 쓰는 말입니다. 성패에 관계없이 무력으로써 적에 대항해 거사를 결행한 분을 의사라고 불러요. 한편 열사는 나라와 민족을 위해 저항하다가 의롭게 죽은 사람, 그중에서도 주로 맨몸으로 싸우다 죽은 사람을 가리킬 때 쓰는 말로, 비폭력적인 운동으로 자신의 뜻을 펼친 분을 칭합니다. 그런 맥락에서 유관순 선생은 열사가 되겠죠? 이토 히로부미를 저격한 안중근 선생은 의사가 되고요.

그 밖에도 '지사'가 있는데요, 이는 나라와 민족을 위해 제 몸을 바쳐 일하려는 뜻을 품은 사람, 즉 나라의 독립을 위해 헌신하고 투쟁한 분들을 말합니다. 의사와 열사가 순국한 분들에게 붙이는 명칭이라면 지사는 주로 살아 있는 분에게 붙이는 명칭이에요. 한편 국가보훈처에서는 의사와 열사의 구분 없이 '독립유공자'로 표기하고 순국선열과 애국지사로 구분하고 있습니다.

## 무지가 나라를 잃게 한 적이다!
### 농촌계몽운동에 힘쓰던 청년
윤봉길 선생은 안중근 선생이 돌아가시기 2년 전인 1908년 태어나 일제강점기에 유년기와 청년기를 보냈습니다. 원래 본명은 '우의'禹儀이고 봉길은 별명입니다. 거사를 치르기 전까지 윤봉길 선생은 주로 농촌계몽운동을 펼치며 문인에 가까운 활동을 했어요. 이분이 본격적으로 계몽운동을 하게 된 계기가 인상적이에요. 당시 10대 소년이던 윤봉길 선생이 서당에서 공부를 마치고 돌아가는데 어떤 청년들이 묘표를 들고 와서 부탁을 합니다. 지금 아버지의 무덤을 찾고 있는데 공동묘지 묘표에 뭐라고 쓰여 있는지 알 수가 없어 뽑아 들고 왔다는 거예요.

이를 본 윤봉길 선생은 기가 막히죠. 묘표라는 게 뭔가요. 무덤의 정보를 담고 있는 묘표는 제자리에 꽂혀 있어야 제 역할을 하는데 그걸 뽑아버리면 아무짝에도 쓸모없는 나무판자가 되는 거잖아요. 그런데 이 청년들은 묘표가 뭔지도 모르고 그걸 읽을 수도 없었기 때문에 다짜고짜 뽑아 들고 글 읽을 줄 아는 사람을 찾아 헤맨 겁니다. 윤봉길 선생은 이런 무식함이 나라를 뺏긴 근본 원인이라 생각하고 야학당을 개설해 문맹 퇴치에 힘을 쏟아요.

그렇게 3~4년 정도 계몽운동에 매진했지만 윤봉길 선생은 결국 독립을 위해서는 단순히 사람들을 각성시키는 데 그치지 않고 구체적으로 행동에 나서야 한다는 생각을 했던 것 같습니다. 그리고 마침내 1930년 '장부출가생불환'丈夫出家生不還, 대장부가 집을 떠나 뜻을 이루기 전에는 살아서 돌아오지 않는다이라는 글을 남기고 중국으로 떠나요. 국내에서 독립운동을 펼치기

146

에는 일본군의 감시가 너무 심했기 때문에, 당시 독립운동에 뜻을 품은 사람들은 중국으로 떠나는 경우가 대부분이었습니다. 이런 삶의 궤적들을 보면 독립운동의 선배 격이라고 할 수 있는 안중근 선생과 비슷하죠.

## 윤봉길 의사 쾌거의 발단, 모던 보이 이봉창의 거사

이야기의 무대는 이제 중국으로 옮겨집니다. 윤봉길 선생이 중국으로 건너갔을 때, 일본의 탄압을 피해 중국 상하이에서는 대한민국 임시정부가 나라의 명맥을 이어가고 있었습니다. 이를 이끌던 김구 선생은 갈수록 어려워지는 임시정부의 상황을 타개하고자 '한인애국단'이라는 항일독립운동단체를 조직합니다. 이 단체는 비밀 공격으로 일본의 주요 인물을 암살하여 단기간에 큰 성과를 올리려는 목표를 가지고 있었어요. 말 그대로 암살 조직이었죠.

한인애국단이 생기고 얼마 지나지 않은 1931년에 일본에서 한 청년이 찾아옵니다. 그는 서울과 일본에서 운전사나 제빵사 등을 하면서 생계를 이어오던 평범하면서도 호탕한 조선인이었는데, 서툰 한국말로 꺼낸 얘기는 놀랍고도 다소 황당하기까지 했습니다. 자신이 일본에서 일왕의 행렬을 자주 보는데 조선인으로서 응징하고 싶은 마음에 무기를 얻으러 왔다는 것이었습니다. 그 청년이 바로 이봉창이었습니다. 그는 만주와 일본에서 일하면서 조선인이라는 이유로 여러 가지 학대와 설움을 당했는데, 그것이 결국 나라를 일본에 빼앗겼기 때문이라는 사실을 분명히 알고 있었던 것입니다.

처음에는 그를 일본에서 건너온 건달쯤으로 의심하던 김구 선생도 마침내 이봉창의 확고한 의지를 확인하고 거사에 필요한 자금과 폭탄을 건넵니다. 그리하여 그는 양손에 수류탄을 든 채 기념 촬영을 하고 일본으로 떠나죠. 죽음을 향해 가는 이봉창을 보고 눈물을 흘리던 김구 선생에게 그는 웃으며 이렇게 얘기했다고 합니다.

선생님, 제 나이 이제 서른하나입니다. 앞으로 서른한 해를 더 산다 해도 지금보다 더 나은 재미가 없을 것입니다. 인생의 목적이 쾌락이라면 지난 31년 동안 쾌락이란 것을 모두 맛보았습니다. 이제부터 영원한 쾌락을 위해 목숨을 바칠 각오로 상하이로 온 것입니다. 저로 하여금 세상을 깜짝 놀라게 할 성업聖業을 완수하게 해주십시오.

1932년, 이봉창 선생은 일왕에게 폭탄을 던지지만 불발해 마차가 뒤집히고 말이 다쳤을 뿐 어떤 피해도 주지 못합니다. 그리고 그 자리에서 체포되어 죽음을 맞이하죠. 하지만 이 거사는 세계에 알려져 충격을 주었습니다. 당시 일본은 동아시아에서 건드릴 수 없는 강대국이었는데, 그 수도의 한복판에서 폭탄 공격이 이루어졌다는 것은 일본의 위상 자체를 흔드는 사건이었던 거죠.

이봉창 선생의 거사 배경이 상하이에 있는 대한민국 임시정부임을 알고 일본은 발끈합니다. 이때 중국 언론은 이봉창 선생의 의거를 옹호하며 '불행히도 뒤따르던 마차를 부수는 데 그쳤다'고 보도하는 등 폭탄이 일왕에게 적중되지 못했음을 안타까워하는 반응을 보입니다. 이에 당시 좋지 않던 중·일 사이의 갈등이 증폭되면서 결국 1932년에 상하이에서 양국의 무력 충돌이 벌어집니다. 이 충돌을 제1차 상하이사변이라고 합니다. 결과적으로 일본이 승리해 상하이 군대는 무장해제를 당했고, 상하이는 자국의 군대가 상주하지 못하는 지역이 되었죠.

## 일왕의 생일, 기회를 포착하다

역사가 꼬리에 꼬리를 무는 것이, 이 상하이사변이 윤봉길 선생의 거사를 가능하게 한 요인이 됩니다. 상하이사변 전승을 기념하고 중국과 정전협정을 맺기 위해 일본의 고위 장군들이 상하이에 모여들었는데, 때마침 일왕의 생일까지

겹치면서 상하이의 훙커우 공원에서 큰 행사가 벌어진 거죠. 늘 거사를 꿈꾸던 윤봉길 선생 입장에서는 말 그대로 크게 한 건 할 수 있는 환경이 조성된 셈입니다. 독립운동을 위해 중국 칭다오에 있던 윤봉길 선생은 소식을 듣자마자 상하이로 달려와 곧장 한인애국단에 가입합니다.

준비는 매우 치밀하게 이뤄졌습니다. 많은 고위직이 모이는 자리인 만큼 경계가 삼엄해 그냥 폭탄은 들고 갈 수가 없었어요. 때마침 지참 가능한 소지품 중에 도시락이 있다는 점에 착안, 한인애국단은 도시락 모양의 폭탄과 물통 모양의 폭탄 두 개를 만들어 위장합니다.

도시락 폭탄과 물통 폭탄

여기서 생긴 대표적인 오해가 바로 윤봉길 선생이 도시락 모양 폭탄을 던졌다는 것입니다. 하지만 윤봉길 선생이 실제 공격용으로 투척한 것은 물통 모양 폭탄이었습니다. 그럼 도시락 폭탄은 뭐였냐고요? 도시락 모양의 폭탄은 자결용이었던 것으로 보입니다. 안타깝게도 윤봉길 선생은 거사를 치른 후 스스로 목숨을 버리겠다는 결의를 품고 있었습니다.

거사 당일, 김구 선생과 윤봉길 선생이 시계에 관해 나눈 대화는 유명합니다. 김구 선생과 함께 아침식사를 들던 윤봉길 의사는 김구 선생의 낡은 시계를 보고 자신의 시계는 얼마 전에 산 새것이니, 시계를 바꾸어 갖자고 말합니다. 허름한 시계와 비싼 시계

거사를 앞둔 윤봉길 의사

를 바꾸자고 하니 김구 선생은 당연히 거절을 하죠. 그러자 윤봉길 의사는 "앞으로 저의 시간은 한 시간밖에 남지 않았다"고 말하고, 이에 김구 선생이 눈물을 흘리며 "지하에서 만나자"고 했다고 합니다.

그렇게 담담히 나선 윤봉길 선생은 1932년 4월 29일 홍커우 공원에서 물통 폭탄을 던져 많은 일본인 장교들을 죽거나 다치게 했습니다. 시라카와 대장과 가와바타 거류민단장은 사망하고, 노무라 중장은 실명했으며, 우에다 중장은 다

리가 부러지고, 시계 미쓰 공사는 절름발이가 되고, 무라이 총영사와 도모노 거류민단 서기장도 중상을 입었습니다. 윤봉길 선생은 공격에

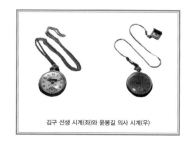

김구 선생 시계(좌)와 윤봉길 의사 시계(우)

는 성공하지만 곧바로 군중과 경찰이 달려드는 바람에 자결에는 실패합니다. 그는 거사 현장에서 형체를 알아보기 어려울 정도로 심하게 구타를 당하면서도 대한 독립 만세를 외쳤습니다. 마치 짐짝처럼 구겨져 트렁크에 실려간 윤봉길 의사는 이후 가혹한 고문에 시달리다가 다음해에 형장의 이슬로 생을 마감하죠.

윤봉길 선생의 거사는 그 자체로도 큰 성과를 거두었지만 후일 한인애국단과 대한민국 임시정부에 큰 영향을 주었습니다. 당시 중국국민당 최고 권력자 장제스가 "중국의 100만 대군도 하지 못한 일을 한 조선 젊은이가 해냈다"며 탄복했다는 유명한 일화도 있죠. 이 일은 중국국민당이 대한민국 임시정부를 지원하는 결정적인 계기가 됩니다. 국민당의 지원을 바탕으로 대한민국 임시정부는 8년 후 우리나라 최고

의 독립군부대인 한국광복군을 창설하게 됩니다.

 거사 당시 윤봉길 선생은 불과 스물다섯 살이었습니다.
그에게는 부양해야 할 가족과 노모가 있었어요. 특히 아직
어린아이였던 두 아들이 있었습니다. 젊은 나이에 이들을
뒤로하고 죽음을 향해 뛰어드는 그 마음이 어땠겠습니까.
거사를 며칠 앞두고 그가 두 아들에게 남긴 글이 있어 이 지면
에 담아봅니다.

## ✿강보에 싸인 두 병정, 두 아들 모순과 담에게

너희도 만일 피가 있고 뼈가 있다면

반드시 조선을 위해 용감한 투사가 되어라.

태극의 깃발을 높이 드날리고

나의 빈 무덤 앞에 찾아와 한잔 술을 부어놓아라.

그리고 너희는 아비 없음을 슬퍼하지 말아라

사랑하는 어머니가 있으니.

어머니의 교양으로 성공한 자를 동서양 역사상 보건대,

동양으로 문학가 맹자가 있고

서양으로 프랑스 혁명가 나폴레옹이 있고

미국의 발명가 에디슨이 있다.

나중에 커서 나라를 위해 목숨을 바친 아버지가 남긴 글을 읽는 두 아들의 마음은 또 어땠을까요? 그 심정을 생각해보면 가슴이 먹먹해집니다.

죽음은 누구에게나 피하고 싶고 두려운 일입니다. 하지만 윤봉길 의사가 스스로 죽음을 택한 단 한 번의 기회, 바로 조국을 위한 순간이었습니다. 분연히 일어서 삶을 떨쳐버린 용기와 결의에 절로 고개가 숙여집니다.

제가 상하이에 답사를 갔을 때, 홍커우 공원에서 가이드의 안내를 받은 적이 있습니다. 그 가이드는 중국인이었는데도 "윤봉길 의사는 (도시락 폭탄이 아닌) 물통 폭탄을 던졌다"고 아주 정확히 알고 말하더군요. 명색이 한국의 역사 선생으로서 매우 놀랍고 부끄러운 경험이었습니다. 중국인조차 명확히 아는 사실을 우리나라 사람들이 제대로 모르고 있다는 생각 때문이었죠. 사명감을 가지고 우리 학생들에게 제대로 알려주어야겠다는 다짐을 하게 되었습니다. 물론 어떤 폭탄을 던졌는지는 중요하지 않을 수 있습니다. 그러나

154

윤봉길이란 인물이 가져다준 소중한 역사와 관계를 맺고 가까워지는 일은, 그런 사소한 부분을 세심히 기억하는 일에서부터 출발하는 것 아닐까 생각합니다.

# 1. 내 아버지의 아버지, 그 아버지의 아버지…… 단군왕검

1) 단군 표준 영정: 문화체육관광부

2) 단군의 차림으로 추정되는 모습: 고등학교 한국사 교과서, ㈜삼화
출판사

가지 방울, 거친무늬 거울, 팔주령, 동탁, 비파형 동검, 장대투겁: 국
립중앙박물관

3) 고조선의 영향력이 미친 범위: 고등학교 한국사 교과서, ㈜비상교육

## 2. 선덕여왕의 매력발산

  1) 황룡사 복원도: 고등학교 한국사 교과서, ㈜비상교육

  2) 설민석, 〈모란도〉: 저자 소장

  3) 분황사 모전석탑: 문화재청


## 3. 삼천궁녀의 미스터리, 의자왕

  1) 7세기 삼국 통일기: 태건에듀


## 4. 국가의 안정과 변영을 위하여! 일생을 결혼에 매진한 태조 왕건

  1) 태조 왕건의 북진정책: 태건에듀

  2) 왕건 부인의 출신 지역 분포: 태건에듀


## 5. 사랑에 모든 것을 내던진 남자, 공민왕

  1) 공민왕릉: 현대아산

  2) 공민왕과 노국공주의 영정: 국립고궁박물관


## 6. 한글은 과연 세종이 만들었는가

  1) 앙부일구: 국립고궁박물관

  2) 혼천의: 문화재청

  3) 신기전: 타임스페이스

## 7. 우리가 몰랐던 '인간 세종'

1) 4군 6진: 고려대학교 박물관

## 8. 역대 드라마 최다 출연 커플? 장희빈과 숙종

1) 명릉: 두산백과사전 두피디아

2) 희빈 장씨 묘(대빈묘): 두산백과사전 두피디아

## 9. 만세를 부를 그날을 위해, 도마 안중근

1) 안중근과 그의 수인: 국가보훈처 '훈터'

## 10. 내가 던진 건 도시락 폭탄이 아니었다! 윤봉길 의사

1) 도시락 폭탄과 물통 폭탄: 두산백과사전 두피디아

2) 거사를 앞둔 윤봉길 의사: 두산백과사전 두피디아

3) 김구 선생 시계와 윤봉길 의사 시계: 문화재청

# 설민석의 무도 한국사 특강
## 미니북 세트 1권 : 인물 편
ⓒ설민석 2016

**1판 1쇄 발행** 2016년 7월 26일
**2판 1쇄 발행** 2019년 11월 11일

**지은이** 설민석
**펴낸이** 황상욱

**기획** 황상욱 윤해승 **편집** 윤해승 이은현
**디자인** 최정윤 **마케팅** 최향모 이지민
**일러스트** 홍원표
**제작** 강신은 김동욱 임현식 **제작처** 영신사

**펴낸곳** (주)휴먼큐브
**출판등록** 2015년 7월 24일 제406-2015-000096호
**주소** 10881 경기도 파주시 회동길 455-3 3층

**문의전화** 031-8071-8685(편집) 031-8071-8670(마케팅) 031-8071-8687(팩스)
**전자우편** byvijay@munhak.com

**트위터** @humancube44 **페이스북** fb.com/humancube44